顺"信"而为

信息化思维与领导力

主 编 樊兆杰 刘文娟

副主编 卞 克 刘 涛 田莉莉

张 红 王春莲 蔡 蕊

电子工业出版社
Publishing House of Electronics Industry
北京·BEIJING

内 容 简 介

新一轮科技革命和产业变革正在全面重塑经济社会的各个领域，对国家治理、产业发展、社会管理、宏观调控提出了全新的课题和挑战。本书分为信息化思维、信息化应用与信息化生活三章。"信息化思维"主要阐述信息化的内涵、发展脉络，分析信息化思维的理念和应用范畴；"信息化应用"主要论述信息化新技术的发展现状和特点，讲解信息技术在各行业中的具体应用；"信息化生活"主要介绍信息技术与衣食住行娱等人们日常生活的有机融合，提示信息安全在工作和生活中的重要性。

本书适合行政部门及企事业单位的管理人员与从业人员，以及对信息化与前沿科技感兴趣的读者阅读。

未经许可，不得以任何方式复制或抄袭本书之部分或全部内容。
版权所有，侵权必究。

图书在版编目（CIP）数据

顺"信"而为：信息化思维与领导力 / 樊兆杰，刘文娟主编. —北京：电子工业出版社，2021.5
ISBN 978-7-121-40915-8

Ⅰ. ①顺… Ⅱ. ①樊… ②刘… Ⅲ. ①信息化—通俗读物 Ⅳ. ①G203-49

中国版本图书馆 CIP 数据核字（2021）第 058908 号

责任编辑：秦　聪
印　　刷：天津画中画印刷有限公司
装　　订：天津画中画印刷有限公司
出版发行：电子工业出版社
　　　　　北京市海淀区万寿路 173 信箱　邮编 100036
开　　本：787×1 092　1/16　印张：14　字数：224 千字
版　　次：2021 年 5 月第 1 版
印　　次：2021 年 5 月第 1 次印刷
定　　价：59.00 元

凡所购买电子工业出版社图书有缺损问题，请向购买书店调换。若书店售缺，请与本社发行部联系，联系及邮购电话：(010) 88254888，88258888。
质量投诉请发邮件至 zlts@phei.com.cn，盗版侵权举报请发邮件至 dbqq@phei.com.cn。
本书咨询联系方式：(010) 88254568，qincong@phei.com.cn。

编 委 会

主　　　编：樊兆杰　刘文娟

副 主 编：卞　克　刘　涛　田莉莉
　　　　　张　红　王春莲　蔡　蕊

编写组成员：程　磊　祝谨惠　张成勇　牟艳霞
　　　　　　宋彬彬　杨雪平　倪玉凤　崔　宁
　　　　　　张　晗　陆晓翠　王明皓

前　言

以互联网、云计算、大数据、物联网、人工智能、5G 商用、VR/AR/MR 等为代表的新一代信息技术正在带来一场深刻的全球产业革命和社会变革。当今世界，信息化发展很快，不进则退，慢进亦退。《国家信息化发展战略纲要》提出：大力增强信息化发展能力，着力提升经济社会信息化水平，不断优化信息化发展环境。由此，全国迅速掀起了信息化建设热潮。

信息技术应用能力越来越成为高层次人才评价的核心要素，党员领导干部要善于运用互联网技术和信息化手段开展工作。随着信息技术在我国经济社会发展的各项事业中的广泛应用，各级党政机关、企事业单位对领导干部和各类人才的信息化能力要求也在不断提升。学习信息化、适应信息化、应用信息化、推进信息化，补齐本领短板，引领发展前沿，已成当务之急、时代之要。为此，德州职业技术学院设计了系列讲座，并配套编写了本书，以备党政机关、企事业单位相关岗位人员学习参考。

本书分为信息化思维、信息化应用和信息化生活三章。"信息化思维"主要阐述信息化的内涵，梳理信息化发展脉络，分析信息化思维的理念和应用范畴；"信息化应用"主要论述信息化新技术的发展现状和特点，讲解信息技术在各行业中的具体应用；"信息化生活"主要介绍信息技术与衣、食、住、行、游、娱、购这些人们日常生活的有机融合，提示信息安全在工作和生活中的重要性。本书致力于启发读者自觉增强信息化意识，拓展信息化应用视野，打造和提升信息化领导力。

在本书编写过程中，中国机械工业联合会副会长孙伯淮、北京中关村管委会副主任翁啟文给予了具体指导，德州职业技术学院等单位的相关同志提出了宝贵意见，在此表示感谢。由于作者时间所限，本书中的案例及图片仅做说明使用，无法一一核实，如有不妥之处请联系出版社，我们会在再次印刷时改正，敬请广大读者及专家予以批评指正。

2021 年 3 月

目　　录

第一章　信息化思维——"互联网＋"时代的转型思维 …… 001
第一节　信息化思维的形成 …… 004
一、信息化原理 …… 004
二、思维的定义 …… 005
三、信息化思维的定义 …… 006
四、信息化思维的特点 …… 007
第二节　信息化思维模式 …… 010
一、用户思维 …… 012
二、简约思维 …… 014
三、极致思维 …… 015
四、迭代思维 …… 017
五、流量思维 …… 018
六、社会化思维 …… 021
七、大数据思维 …… 024
八、平台思维 …… 025
九、跨界思维 …… 026
第三节　信息化思维案例解析 …… 028
一、行政领域信息化思维 …… 028
二、工业领域信息化思维 …… 034
三、农业领域信息化思维 …… 038
四、教育领域信息化思维 …… 040
第四节　信息化思维带来的影响与面临的挑战 …… 043
一、信息化思维带来的影响 …… 044

二、信息化思维面临的风险与挑战 ·················· 047

第二章　信息化应用——"IT时代"的技术应用 ·················· 050

第一节　信息化发展历程 ·················· 052
　　一、五次信息技术革命 ·················· 052
　　二、信息化的概念与意义 ·················· 054

第二节　现代信息化核心技术 ·················· 055
　　一、大数据技术 ·················· 056
　　二、云计算技术 ·················· 057
　　三、物联网技术 ·················· 059
　　四、人工智能技术 ·················· 062
　　五、虚拟现实技术 ·················· 063
　　六、5G技术 ·················· 066
　　七、区块链技术 ·················· 070

第三节　信息技术在各行业领域中的应用 ·················· 072
　　一、农业信息化 ·················· 073
　　二、工业信息化 ·················· 081
　　三、交通信息化 ·················· 087
　　四、金融信息化 ·················· 092
　　五、商贸信息化 ·················· 096
　　六、医疗健康信息化 ·················· 103
　　七、政务信息化 ·················· 107
　　八、教育信息化 ·················· 111
　　九、文体娱乐信息化 ·················· 115
　　十、旅游信息化 ·················· 122

第四节　信息化建设 ·················· 126

第三章　信息化生活——"I时代"的智能生活 ·················· 133

第一节　从科幻到现实：走进信息化生活 ·················· 135
　　一、信息化塑造生活新内涵 ·················· 135
　　二、我国信息化生活现状 ·················· 136
　　三、信息化带来生活新变化 ·················· 137

第二节　"衣"——信息化引领服装穿戴新时尚 ·················· 137
　　一、个性化定制 ·················· 138

二、虚拟试衣 ………………………………………………………………… 138
　　三、智能穿戴设备 …………………………………………………………… 140
第三节 "食"——信息化催生餐饮服务新业态 ……………………………… 141
　　一、饮食工具 ………………………………………………………………… 141
　　二、无人餐厅 ………………………………………………………………… 145
　　三、智能大厨 ………………………………………………………………… 145
第四节 "住"——信息化开启智能建筑新时代 ……………………………… 145
　　一、租房 ……………………………………………………………………… 146
　　二、装修 ……………………………………………………………………… 147
　　三、搬家 ……………………………………………………………………… 148
　　四、居家应用 ………………………………………………………………… 149
　　五、智能家居 ………………………………………………………………… 152
第五节 "行"——信息化推动交通出行更便捷 ……………………………… 155
　　一、出行导航 ………………………………………………………………… 155
　　二、订购火车票 ……………………………………………………………… 155
　　三、订购飞机票 ……………………………………………………………… 157
　　四、租车 ……………………………………………………………………… 158
　　五、公共交通 ………………………………………………………………… 159
　　六、智能公交 ………………………………………………………………… 160
第六节 "游"——信息化开拓旅游观光新体验 ……………………………… 161
　　一、吃——尝遍特色饮食 …………………………………………………… 162
　　二、住——来自家的惬意 …………………………………………………… 164
　　三、行——定制个性化线路 ………………………………………………… 165
　　四、游——欣赏美丽景色 …………………………………………………… 166
　　五、娱——感受别样风情 …………………………………………………… 167
　　六、购——带回美好记忆 …………………………………………………… 168
　　七、无人酒店 ………………………………………………………………… 170
第七节 "娱"——信息化掀起文化娱乐新浪潮 ……………………………… 171
　　一、泛娱乐平台 ……………………………………………………………… 172
　　二、视频网站 ………………………………………………………………… 174
　　三、广播 App ………………………………………………………………… 177
　　四、音乐 App ………………………………………………………………… 179
　　五、游戏 App ………………………………………………………………… 181

六、电子图片 ··· 181
　　七、智能娱乐 ··· 189
第八节 "购"——信息化带动线上购物新模式 ·· 190
　　一、常用网购模式 ··· 190
　　二、跨境购物平台 ··· 195
　　三、店里体验网上购 ·· 198
　　四、快消品牌入驻网上商城 ·· 198
　　五、社群营销新阵地 ·· 199
第九节 筑牢安全屏障，提升信息化生活品质 ·· 205
　　一、信息安全风险 ··· 206
　　二、信息安全防范 ··· 209
　　三、安全防护举措 ··· 210
结语 ·· 213
参考文献 ··· 215

01 信息化思维
——"互联网+"时代的转型思维

内容简介

面对快速发展的信息化时代,党员领导干部应主动适应信息化要求、强化信息化思维,不断提高对互联网规律的把握能力、对网络舆论的引导能力、对信息化发展的驾驭能力、对网络安全的保障能力。培养四个能力的关键,取决于能否正确掌握"信息化思维"这把利剑。本章介绍信息化思维的概念和背景,分析信息化思维的九种常见模式,展示信息化思维在各个领域的应用,并简要说明信息化思维带来的影响与面临的挑战。通过本章的内容,抛砖引玉,引发大家对"信息化思维"的深入思考。

内容导读

☆ 信息化思维的形成

☆ 信息化思维模式

☆ 信息化思维案例解析

☆ 信息化思维带来的影响与面临的挑战

本章引言

当今世界已经进入信息化时代。信息化不仅代表了先进的生产力,而且毫无疑问地成为当今时代发展的大趋势。按照未来大师阿尔文·托夫勒的观点，人类社会划分为三个阶段：第一次发展浪潮被称作农业阶段，从距今约一万多年前开始；第二阶段被称作工业阶段，约从17世纪末、18世纪初开始；第三阶段被称作信息化阶段，从20世纪50年代后期开始。作为第三次浪潮的信息革命，计算机成为其突出的代表。第三次信息革命主要以信息技术为主体，以创造和创新知识为重点。社会形态由农业社会、工业社会跃升为信息社会。在社会生产力发展层面上，信息社会与前两类社会最大的差别就是生产力以智能为主，而不像前两类社会那样，生产力以体能和机械能为主。

信息化时代对我们社会生活产生的影响不言而喻。信息化时代的发展正在改变着当今世界的格局，信息化已经成为历史洪流中不可逆转的趋势。有学者提出："发达国家正出现以信息技术为主的后工业化扩散周期，在全球形成两个周期并行、交叉、重合的局面，由此对社会产业结构、生产活动方式、全球经济结构、组织结构、管理决策等诸多方面产生了深刻而久远的历史性变化。"[1]与此同时，国际性产业结构调整在全球引起人们的共识，从一定程度上促进了"新经济秩序"的出现。这种新经济秩序表现为，在很长一段时期内，世界经济出现以"互相依赖、分工合作、协同发展"为主要内容的新形态，以及由此形态而引发的经济发展中心东移[2]。这些都应当看作信息时代经济和社会发展的一个重要因素。

在信息和信息技术的巨大影响下，全球政治、经济、文化等各方面都表现出了全球化趋势。例如，市场和生产中心的全球化、传播方式的全球化、信息技术的全球化、企业组织形式的全球化等。这些变化必将引起国家之间、企业之间政治格局、经济关系的变化。基于这种变化，国际社会的信息化趋势将变得顺理成章，各个国家在政治、经济和文化等多个领域也将变得更加依存，而这种全球性的依存关系又将反过来影响和改变国际政治关系和经济文化关系，并引导历史向着全新的方向发展。

---

[1][2] 王济昌：《现代科学技术名词选编》，河南科学技术出版社，2006年2月。

第一章　信息化思维——"互联网+"时代的转型思维

在这种国际背景下，我国也在加快信息化建设的步伐。党的十八大以来，我国的信息化建设取得了日新月异的成就，"数字中国"正在新的历史节点上扬帆远航。通过一代又一代科技工作者的努力，我国在实施核心技术攻坚战略这场战役中捷报频传，多项网络信息技术的研发和应用均取得了举世瞩目的成就。

当前，在以大数据、人工智能、云计算等为代表的新一代信息技术的合力影响下，我国的信息化建设正从网络化时代迈进新的智能化时代。信息化在国家治理的过程中也充当着重要工具的角色。30亿人次的春运调度顺利进行，少不了信息化综合交通大数据云平台的保驾护航；跨境商品通关的全流程网络化，离不开跨境电子商务的信息化运用；党政部门"让数据多跑路、让群众少跑腿"初心的达成，有赖于大数据管理和服务平台的启用。完善而便捷的各类信息化网络为加快我国信息化建设提供了坚实的保障。2020年6月23日，我国西昌卫星发射中心成功发射了第55颗北斗导航卫星，中国航天信息技术翻开了新的篇章。这些都见证了我国在信息化建设上的信心和决心！

与此同时，我们也清醒地认识到，与世界先进水平相比，我国在信息化创新能力、基础建设、资源共享等多方面仍存在差距。要想在新的历史机遇中抢占先机，信息化思维至关重要。2018年4月，习近平总书记在全国网络安全和信息化工作会议上提出，要主动适应信息化要求、强化信息化思维，不断提高对互联网规律的把握能力、对网络舆论的引导能力、对信息化发展的驾驭能力、对网络安全的保障能力。培养这四个能力的关键，取决于能否正确掌握"信息化思维"这把利剑。

信息化思维的实质，是从信息化视角去认识事物，用信息化方法分析矛盾，用信息化手段处理问题。当信息技术成为社会发展不可或缺的驱动力时，我们非常有必要对信息化思维这种新的思维方式进行深入探索。

第一节　信息化思维的形成

一、信息化原理

随着我国经济的高速增长，信息化有了显著的发展和进步，与发达国家的差距逐渐缩小。信息化作为后工业时代的产物，是组织管理创新的延伸和发展。特别是在各种软件蓬勃发展后，企业和单位借助软件进行业务管理，使信息化成为衡量一个行业是否走向现代化的重要标志之一。

"信息化"的概念最早是日本学者提出的。20世纪60年代，日本学者梅棹忠夫首次提出这个概念，继而被翻译成英文，传播到了西方。20世纪70年代后期，西方社会的学者开始使用"信息化"这一概念。随后，"信息化"的概念开始被越来越多的国外学者使用和释义。

1997年，首届全国信息化工作会议上，我国对信息化和国家信息化做出明确定义："信息化是指培育、发展以智能化工具为代表的新的生产力，并使之造福于社会的历史过程。国家信息化就是在国家的统一规划和组织下，在农业、工业、科学技术、国防及社会生活各个方面应用现代信息技术，深入开发及广泛利用信息资源，加速实现国家现代化进程。"实现信息化就要构筑和完善国家信息化体系。一般情况下，学者们普遍认为，国家信息化体系的构建需要六个要素：开发利用信息资源、建设国家信息网络、推进信息技术应用、发展信息技术和产业、培育信息化人才、制定和完善信息化政策。越来越多的人认识到，信息化以现代通信、网络、数据库技术为基础，将所研究对象各要素汇总至数据库，是供特定人群生活、工作、学习、辅助决策等和人类息息相关的各种行为相结合的一种技术。使用该技术后，可以极大地提高人们的各种行为效率，为推动人类社会进步提供极大的技术支持[1]。

1　王济昌：《现代科学技术名词选编》，河南科学技术出版社，2006年2月。

第一章 信息化思维——"互联网+"时代的转型思维

信息化在国家层面意义重大。科技是第一生产力，运用知识是核心。利用信息技术可以更好地存储、传播知识，甚至加工和应用知识。但信息化不仅仅局限于信息技术，它的重点是信息。信息与人同生，是人类突破生物遗传约束、传递生存技能的高级技能。与本能不同的是，信息是人类后天在社会生活中通过学习（获取、加工、应用、传递信息的完整过程）得到的。

在过去的信息化发展历程中，我们不难总结出，信息化的形成流程是一个从概念到逻辑，再到量化，最后到知识的系统过程（见图 1.1.1），焦点聚集在语义化、逻辑化、数据化、技术化等几个主要环节。其中，语义化是指能够被描述（语言和文字的作用）；逻辑化是指目标和行为之间的因果关系；数据化是指能够被衡量；技术化是指帮助人类更好地运用信息，支持信息技术与信息的深度整合。

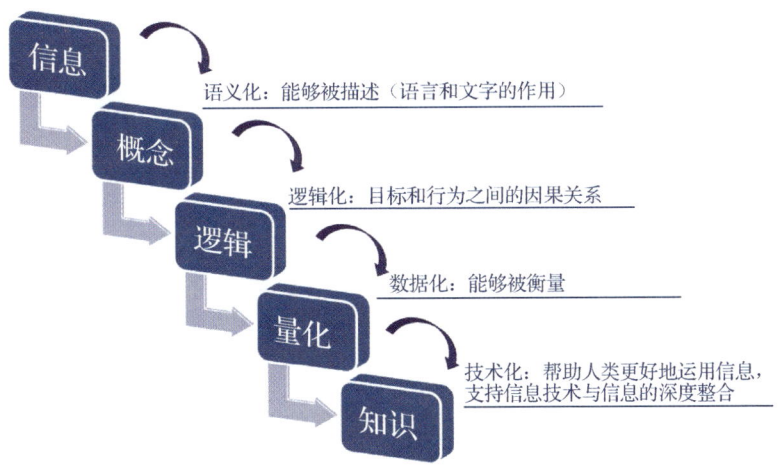

图 1.1.1　信息化原理示意图

二、思维的定义

一般认为，思维是自然人的一种基本功能，是人脑对客观事物本质属性与规律的概括间接反映，是人类通过对事物进行分析、综合、抽象和概括等能动处理，揭露事物内在本质特征和事物间内在联系规律的智力活动。

思维要素一般包括思维对象、思维主体和思维方法等。其中，我们在学习和工作中经常提到的思维方法，在众要素之中的作用尤为重要。思维方法也叫思维方式，是连接思维主体和思维对象之间的桥梁。没有科学的思维方法，思维活动就不能取得如期的成效，甚至不能顺利完成。我们在生活中用到的思维方法非常多，如正向思维、逆向思维、集中思维、发散思维等。按照思维的主动性和创造性划分，我们可以把思维分为复制性思维与创造性思维两种。其中，创造性思维是在创造性活动中应用新的方法或程序，创造新的思维产品的思维活动，创造性思维所产生的新思想和新观念，对创造性活动的进行起着指导作用。信息化思维这种完全区别于以往传统思维的方式，归根结底也属于创造性思维的范畴。

众所周知，在人类思维活动中，思维方法和形式随着环境条件而变化，随着认知水平而改进。当信息技术成为社会发展不可或缺的驱动力的时候，我们非常有必要对信息化思维这种新的思维方式进行深入探索。

三、信息化思维的定义

信息化思维是对信息化意识的综合反映，即从信息化视角来认识、分析和处理工作中的各种问题和困难，从而实现工作与信息化的有效结合。

信息化思维是人类社会发展过程中出现的一种新的创造性思维方式，其实质就是运用信息化的视角认识事物、运用信息化的方法分析问题，再运用信息化的手段处理问题。例如，在行政管理工作中，信息化思维贯穿于政府工作人员的整个行政管理工作中。信息化不只是一种创新手段，还能促进行政方式的变革，从而实现传统行政方式不能实现的效果。再如，通过数据比对能够发现监管漏洞，有效减少"开业后不办税""老人去世后家属继续领取养老金"等的现象；通过婚姻信息系统全国联网能够及时发现重婚现象；通过推进产业信息化、发展电子商务等，促进区域的经济发展。以上这些都体现了信息化思维在当前不同工作中的应用。

四、信息化思维的特点

（一）信息化

伴随信息技术的快速发展，借助于通信网络，人们可以突破时空的限制，把信息传递到世界各地，供不同区域的不同主体使用。与物质所具有的"一方所得必有另一方所失"的特点不同，信息在信息化时代摆脱了物质守恒定律的制约，具有复制零成本、可共享等特性，能够被不断重复使用，从而极大地延伸了业务联系的时间维度、空间维度及方向维度。若从信息化的视角来认识业务的联系特性，就可以从时间维度、空间维度、方向维度等方面来更新观念，从而更好地分析并把握业务发展的新特点、创新业务手段。比如，德州职业技术学院"AIC智能校园系统"（AIC Smart Campus System）校园服务网 2020 版正式上线。升级后的各个服务项目，如 DZVTCAIC、宿舍管理系统、新冠肺炎疫情大数据和"阳光平台"等功能越来越完善，大大满足了师生们的各种需求，让师生有了切实的获得感和便利感。如图 1.1.2 所示，用户登录访问"辅导员管理平台""学生平台""阳光平台""个人服务"等均需要进行统一的身份认证。

图 1.1.2 校园服务网平台登录界面

DZVTCAIC，一个账号打天下（见图 1.1.3）。校园服务网 2020 版成功对接全校教学、科研、管理、服务等几十个业务系统，后续将有更多的系统接入。届时，用户只需经过统一的身份认证登录，便可实现不同系统间的无感知跳转。

完善后的"网上办事"栏目功能强大。它所支持的在线办理事项涵盖了教师日常教学和学生校园生活的方方面面。在校师生可以从"服务对象""服务场景""受理部门"等多个维度对所办理事项进行查询。同时，该栏目支持模糊搜索。用户查找到相应事项后，点击即可进入网上办理流程（见图1.1.4）。

"阳光平台"，一键获取信息（见图1.1.5）。"阳光平台"集中展示了学校的相关校务政策信息。学校规范性文件库将学校文件归于电子化查询平台，方便师生查询；三张清单集

图1.1.3 校园服务网平台项目界面

中了学校各职能部门的责任清单；建立了"一站式"法律服务平台、学校信息公开网和书记校长信箱的快捷链接窗口。

"个人服务"，贴身提醒小管家。"个人服务"包含"在线缴费""缴费指南""校园全景""百事通"。用户可以在相应模块中查询个人专属的服务信息。目前，"百事通"中除了设有基本事项的简单回答，还设置了线上问答，用户可以随时随地进行线上咨询。

图1.1.4 网上办理流程图　　　　　图1.1.5 "阳光平台"登录界面

（二）创新性

信息化思维的重点不仅仅囿于信息技术层面，更在于思维方式，尤其是开阔的视野和创新的思想。因此，应用信息化思维的首要前提是：能够创新性地运用信息化视角来认识事物的规律。若继续沿用旧思维来看待新事物，将不可避免地出现困惑、迷茫和失落等不良情绪，在处理很多问题上也会事倍功半，甚至力不从心。因此，我们要把创新性作为处理信息化社会问题的方式、策略和原则。

在创新方式上，苹果公司创造了"苹果神话"。乔布斯时代的苹果公司一直是创新公司的标杆。在乔布斯的世界里，iPhone 改变了通信产业，iPad 改变了个人计算机。乔布斯的一句经典概括是："领袖与跟风者的区别在于创新。"虽然随着这位互联网标志性人物的离世，苹果公司进入了"后乔布斯时代"，但这种创新精神仍然作为最重要的企业战略带领公司继续向前发展。通过对苹果公司各方面的定性和定量分析，进一步证明了苹果公司的创新效果是显著的。可见，创新性是信息化思维的一个重要特点。

> **名词释义**
>
> 后乔布斯时代：是指 2011 年 8 月 21 日乔布斯辞去苹果公司 CEO 职务后的时期。

（三）跨学科

互联网与新科技的不断进步，信息化思维的不断发展，使得许多产业的边界变得模糊，这就需要跨学科的变革。这种变革包括内部结构以及方式的彻底改变，跨界的未来更是充满着不可估量的潜在威力。如人工智能，它涉及计算机科学、数学、心理学、控制学、哲学和语言学等学科。人工智能与信息化思维的关系是实践和理论的关系，如 e 时代的网上订餐、网上订票、人脸识别、语音助手、智能导航、无人驾驶等智能应用都开始进入我们的生活。人工智能这种跨学科技术成了信息化思维发展的一种标志性成果，标志着第四次工业革命的到来。

> **名词释义**
>
> e时代：e是英文electronic（电子）的缩写。e时代，即电子时代，是指网络普遍使用于办公、生活和各个领域的时代。

（四）国际化

在信息化思维的驱动下，移动互联网、云计算、大数据等科技不断向前发展，我们需要用新的眼光来审视用户、产品、企业价值链、市场乃至整个商业生态。贸易全球化出现了电子数据交换（EDI），即按照同一套标准格式进行传输和自动处理；制造全球化出现了网络协同设计制造；资产全球化出现了ERP、供应链管理、资产管理；人才全球化出现了知识管理（HRM）。当今世界已然进入互联网时代，各种互联体验已经走进了千家万户。而且，随着"互联网+"的发展，更要求我们用信息化思维和国际化视野面向国际市场（见图1.1.6）。

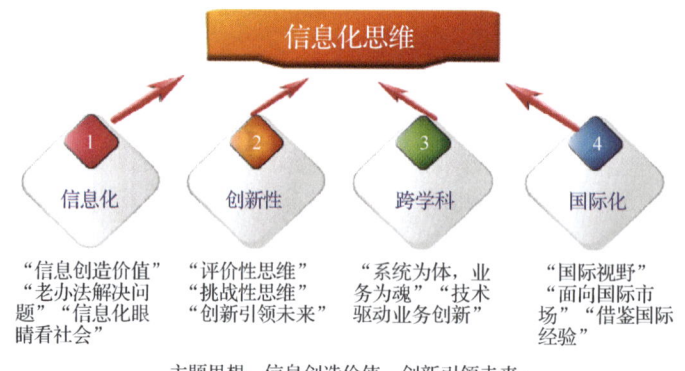

图1.1.6　信息化思维特点图

第二节　信息化思维模式

信息化思维是一种立体的网络思维，本质上是一种工作理念的创新。它是所有行业都要深思和深刻领悟的时代议题，能帮助企业和个人快速提升创新能力和核心竞争力，也是政府大胆探索治理新模式的破局之策。信息化思维包含很多思维模式，在这里主要探讨常见的九大思维模式：用户思维、简约思维、极致思维、迭代思维、流量思维、社会化思维、大数据思维、平台思维、跨界思维。

有两个业内非常知名的案例。第一个案例是一家网红餐厅，由没有餐饮行业经验的人开创的餐厅品牌——雕爷牛腩。这家餐厅仅用了两个月的时间便成为所在商场餐厅评效的第一名。当时吸引了 VC 投资 6000 万元，估值为 4 亿元人民币。

成立之初，创始人花 500 万元买断了"香港食神"戴龙的牛腩配方，专攻 12 道菜；餐厅的每双筷子都是定制的、全新的，顾客用完餐后还可以将其带回家中；老板每天花大量的时间收集针对菜品和服务的建议并积极加以改善；开业前花掉 1000 万元进行了半年的封测，邀请明星、达人、微博"大 V"免费试吃……

雕爷牛腩为什么会这样设置，其背后的商业逻辑是什么呢？

> **名词释义**
>
> VC 投资：风险投资（Venture Capital，VC），简称风投，是指向初创企业提供一定的资金支持并取得该公司一定比例股份的一种融资方式。风险投资是指私人股权的投资形式。风险投资公司必须是专业的投资公司，由具有财务及科技相关知识与经验的一群人所组合而成，经由直接提供资金给需要资金者（被投资公司）并运用投资获取投资公司股权。风险投资公司并不以经营被投资公司为目的，其资金大多用于投资新创事业或是未上市企业，仅提供资金及专业上的知识与经验，以协助被投资公司获得更大的利润为目的，是一个追求长期利润的高风险高报酬事业。

第二个案例[1]是几乎家喻户晓的坚果品牌——三只松鼠。它从一个淘品牌起家，2012 年 6 月在天猫平台上线，仅用 65 天便成为中国网络坚果销售的第一名，并获得 IDG 资本 600 万美元的 B 轮融资。三只松鼠使用带有品牌卡

---

[1] 赵大伟：《互联网思维独孤九剑》，机械工业出版社，2014 年。

通形象的包裹、开箱器、快递大哥寄语、坚果包装袋、封口夹、垃圾袋、传递品牌理念的微杂志、卡通钥匙链等。一个淘品牌，为什么要做这些呢？

一、用户思维

用户思维，简单来说就是"以用户为中心"，针对用户的各种个性化、细分化需求来考虑问题。

在商业领域，厂商需要从整个价值链的各个环节去建立"以用户为中心"的思维方式（见图1.2.1）。对他们而言，只有深度理解用户才能更好地生存，没有用户的认同就没有订单。

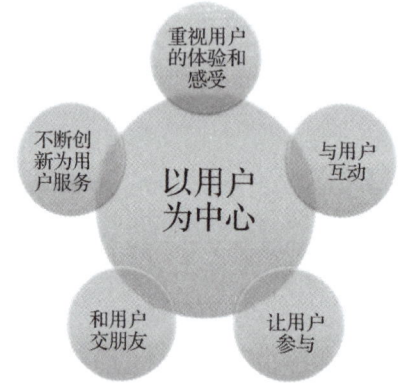

图1.2.1 "以用户为中心"的思维方式

作为信息化思维的核心思维模式，"用户思维"就是"得用户者得天下"。厂商一定要让自己的用户成为产品的一部分，和他们连接在一起，让他们参与其中，满足他们的体验。好的用户体验是从注重细节开始的，并贯穿于每一个细节，要让用户有良好的体验和感知，甚至是超出预期的体验和感知。

> **名词释义**
>
> 价值链：价值链（Value Chain）概念首先由"竞争战略之父"迈克尔·波特于1985年提出，是指由互不相同但又相互关联的生产经营活动所构成的一个创造价值的动态过程。

第一章 信息化思维——"互联网+"时代的转型思维

2011年创立的小米，成立当年的销售额就达到了5亿元，2012年达到126亿元。其后，小米的销售额每年都以惊人的速度不断增长，连续多年荣登中国互联网企业100强排行榜。

小米的创始人雷军曾说，"参与感"是小米成功的最大秘密，小米的价值不在于手机，而在于米粉。"因为米粉，所以小米"。小米创新了一种思维模式，也创造了一群叫"米粉"的人。此外，海尔推出定制冰箱，曲美、强力、天坛等著名家具品牌主推定制产品。这些都是"用户思维"的具体应用。

信息化思维不仅应用在企业里，政府机构也在积极拥抱信息化。信息化思维正在影响着中国的社会治理模式。"用户思维"在政府工作中最大的体现，就是"互联网+政务服务"的提出，居民、企业是政府服务最大的"客户"，"服务公众"是政府最基本的职能。

在电视剧《人民的名义》中，就有一个背离"用户思维"的典型故事情节。京州市光明区信访办那排低矮的窗口，高度设置得"恰到好处"，让访民站也不是，坐也不是，只好半蹲着，时间一久腿就发麻，办事体验十分不好。

2016年，李克强总理在《政府工作报告》中提出，要大力推行"互联网+政务服务"，实现部门间的数据共享，让居民和企业"少跑腿、好办事、不添堵"。2016年2月，国务院客户端上线，用于发布重大政策并参与网民互动，这是大力推行"互联网+政务服务"的标志性举措。9月，国务院召开会议部署推进"互联网+政务服务"的各项举措，将其作为"深化简政放权、放管结合、优化服务改革"的关键之举，有助于进一步提高政府效率和透明度，降低制度性交易成本，让"群众跑腿"变为"信息跑路"，让"企业四处找"变为"部门协同办"。随后，各地各部门纷纷以"用户"为中心（见图1.2.2）进行政务服务领域改革，积极推进"互联网+工业""互联网+农业""互联网+教育""互联网+医疗""互联网+海关"等公共事业，并取得了不错的效果。

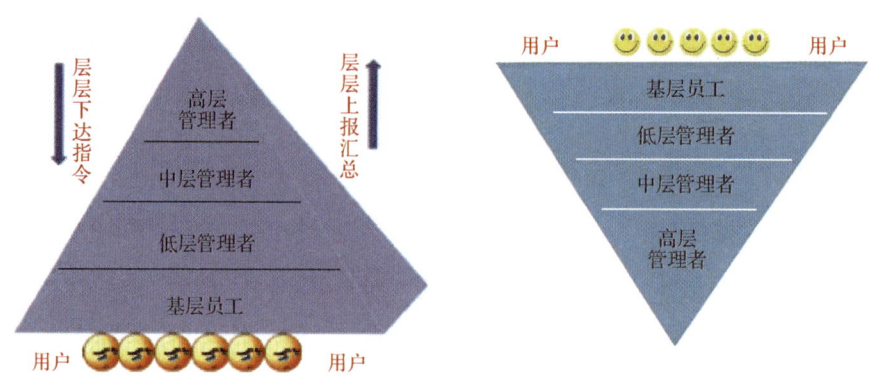

图 1.2.2 "用户思维"示意图

二、简约思维

简约思维，简单来说就是"将复杂的事情简单化"，以简代繁。互联网时代，用户每天要接收庞杂的信息，人们的时间和精力越来越有限，要想在短时间内吸引人们的注意力，就要在工作规划和产品定位中力求简约。简约意味着人性化，简约即是美。

企业在产品设计方面要多做减法。例如，百度首页一直保持清爽的用户界面，苹果系列产品的外观设计也是简约的。

此外，特斯拉汽车也是一个将"简约思维"成功应用到产品设计中的案例。它有着与众不同的汽车制造观，无论是汽车的外观，还是内部设计，处处都体现了简约的设计思想。比如，奔驰、路虎、宝马、保时捷等名车的驾驶舱仪表台上往往会有许多电控或机械按键，但特斯拉汽车的驾驶舱仪表台上只有一个巨大的触摸屏，几乎找不到机械按键，完全是一种极简的设计风格。

政府在社会服务方面更要强化"简约思维"。一段时期以来，基层工作普遍存在会议多、文件多、报表多、材料多、迎检多、汇报多等问题，让相关负责同志疲于应付、喘不过气。在政务服务工作中，"开半扇门、关半扇门""开一半窗口、关一半窗口"、让前来办事的群众止步"一米线"前、项目审批盖章要跑几十个部门、被要求提供类似"我妈是我妈"的奇葩证明等现象让人哭笑不得。除此之外，部分审批工作还要求提供各种繁杂的申报材料，尤其是像提报"其他相关材料"这种缺乏明确定义的要求，更是让办事群众摸不着头脑。只有强化"简约思维"，深化服务能力，让群众感到切切实实的方便，才能让群众更有获得感、幸福感。

2018年年底，习近平总书记在一份材料上作出重要批示，强调2019年要解决一些困扰基层的形式主义问题，切实为基层减负[1]。中共中央办公厅为此印发了《关于解决形式主义突出问题为基层减负的通知》，将2019年确定为"基层减负年"，为的是让我们的基层干部们能够静下心来真抓实干，真正把主要精力用在落实具体工作和干事创业上，有更多时间和精力了解群众需求，解决群众实际困难；而"马上就办""只跑一次""一网通办""并联审批""一表制"等工作模式的提出也正是"简约思维"的具体体现。当前，各地、各部门都进行了大刀阔斧的改革与创新，工商注册、不动产登记、建设项目审批等方面的程序已大大简化。

2019年1月11日，深圳市政府正式对外发布深圳市统一政务服务App——i深圳。它的理念就是"大城小事，简单一点"。目前，该App已实现一个账号办理所有认证、服务等功能，围绕交通出行、政务服务、文化教育、旅游服务、医疗健康、食品安全、社区服务、电子证照八大领域实现"掌上政府、指尖服务、刷脸办事"三大功能，将复杂的办事程序简约化。

三、极致思维

极致思维，即思维的极致化，简单来说就是把服务、产品、用户的体验做到极致，让用户有超预期的感觉；就是用极限思维去打造极致产品。在社会化媒体时代，好产品自然会形成好的传播口碑。极致，就是超越用户想象，没有做不到，只有想不到。

---

[1] 新华社：《中办明确2019年为"基层减负年"》，2019年3月11日。

图 1.2.3 "通村村"农村交通运输综合信息服务 App 页面

通村网农村服务的推出就是一种极致思维的体现。"通村村"农村综合生活服务开放生态平台是贵州智通天下信息技术有限公司执行的一个扶贫项目。该项目于 2019 年 10 月 14 日被评为"中网联 2019 网络扶贫典型案例"。贵州省农村交通的基础设施发展迅速,释放了农村客货运输的需求。由农村客货运输供需矛盾所引发的农村客运安全监督难、出行难、物流难、管理难等问题日益凸显。为解决这些难题,贵州省开发了"通村村"农村交通运输综合信息服务 App(见图 1.2.3)。通过建立系统平台、建设县、乡、村级各个服务网点,为村民们提供了舒适、便捷、经济、安全的交通运输服务,激活了农村客流、信息流、物流的微循环,并整合形成了快递、邮政、出行、商贸、电商、金融、物流等乡村共同服务体系,为进一步推动脱贫攻坚和乡村振兴背景下的农村客货运输做出了贡献。

政府也越来越重视"极致思维"的应用,将"工匠精神"逐步融入政府治理中,并将其作为我国政府治理现代化的重要理念。借助互联网等现代化管理手段,政府提供的服务也开始精雕细琢、精益求精、一丝不苟、追求完美。比如,在"双招双引"工作中,已经把服务提升到极致。在招才引智时,政府提供保姆式服务,人才"拎包入住"(见图 1.2.4);在招商引资时,政府把所有的工作全部准备好,让项目"签约即开工"。种种举措都体现出"极致思维"的特点。

图 1.2.4 德州市人才公寓

四、迭代思维

迭代思维是一种以人为核心的、循序渐进的开发方法，允许存在不足、不断试错，在持续迭代中逐渐完善产品（见图1.2.5），其特点是"微"和"快"。

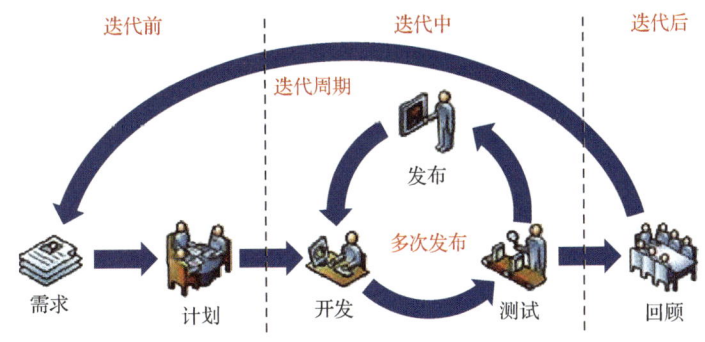

图 1.2.5　迭代思维图

（1）从小处着眼，做微创新。"微"是指从用户的细微需求处入手，做更贴近用户心理需求的产品。可能你觉得是一个不起眼的点，但对用户来说往往是很重要的，需要在用户的反馈和参与中将它不断加以调整和改进。例如，360安全卫士软件就从当年的一个安全防护小产品变成了后来的互联网巨头。

（2）要精准创业，更要快速迭代。"快"是指对用户需求快速做出反应，才能使产品更贴近用户。比如，小米的系统坚持每周迭代更新。迭代思维，更侧重于迭代的思维意识。我们只有及时、实时地关注用户需求，才能把握用户的需求变化[1]。

迭代思维在企业中的最大体现就是产品的不断更新。腾讯微信第1版推出后，收到了众多的用户反馈。针对这些反馈，腾讯方面积极响应，对产品进行多次升级改造，迅速推出1.1、1.2和1.3三个版本。如今，微信的Android版本已更新到7.0.13版，且功能仍在不断增加，持续迭代。

此外，我们经常使用的Windows系统、WPS软件及国务院客户端、学

---

[1] 安杰：《一本书读懂互联网思维》. 台海出版社，2015年。

习强国、铁路 12306 等 App 也在根据客户的需求不断进行迭代更新。交通工具从马车到蒸汽机车再到磁悬浮列车是迭代，华为手机从小灵通到 Mate 30 等系列是迭代，甚至我们每个人的成长过程也是一个不断迭代更新的过程。我们每个人的世界观、人生观、价值观的确立，都要经历一个又一个的自我迭代和认知升级。

政府服务也要有迭代思维，根据环境的变化不断对政策进行修订，对服务进行改进。以网约车为例，在快速发展过程中，网约车平台不停试探共享边界，将"法无禁止皆可为"视作底线，为人们的出行开发出了各种新奇多样的出行方式，但也因此与传统行业产生了较大的利益冲突。直到 2016 年，网约车新规出台，新旧出行方式间的争议才得以平息。从迭代思维的角度看，若该政策的出台时间能再提前一些就更好了[1]。

> **名词释义**
>
> 网约车新规：2016 年 11 月 1 日出台并实施的《网络预约出租汽车经营服务管理暂行办法》。其出台实施能够更好地满足社会公众的多样化出行需求，促进互联网融合和出租汽车行业的发展，规范网络预约出租汽车经营的服务行为，从而更好地保障运营安全和乘客合法权益。

五、流量思维

流量是近几年特别火的一个名词，流量思维即价值链的各个环节都要"以流量多少"为基础去考虑问题。

流量这个词是随着互联网的快速发展而流行起来的，之前比较相近的词语是主要针对线下而言的"客流"（见图 1.2.6）。例如，要考察一家餐馆的经营状况，一般的切入点常常是"现在每天客流怎么样啊"。实际上，这个咨询的真实目的是想知道这家餐馆的生意情况怎么样。如果店主的反应是"还可

---

[1] 朱力南：《政府服务要有"迭代思维"》，《福建日报》，2017 年。

第一章 信息化思维——"互联网＋"时代的转型思维

以,来的人还不少",我们就可以判断这家店生意挺好;如果店主的反应是"每天没有多少人",那么大概率这家店的生意不怎么样。在互联网领域,流量就是一个平台或者 App 的浏览量,可以按照日、月和年度计算。一般情况下,流量越高,网站的访问量越大,网站的价值就越高(见图 1.2.7)。

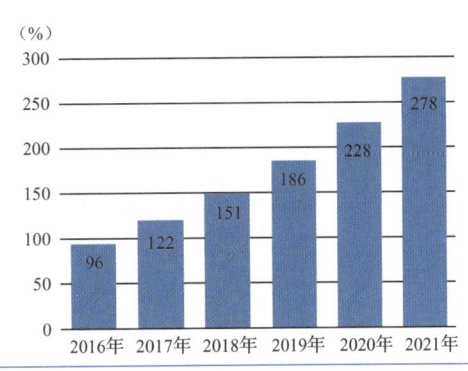

资料来源：Cisco VNI，安信证券研究中心。

图 1.2.6　景区客流量示意图　　　图 1.2.7　全球互联网流量增速示意图

所谓流量思维,就是在经营或者管理的过程中,需要具备明确的流量价值导向思维。懂得流量思维,才能从经营和管理上关注用户体验、重视用户服务,才能吸引更多的流量到自己的经营和管理中来。流量就意味着体量,体量就意味着分量。"目光聚集之处,金钱必将追随",流量即是金钱,流量即是入口,流量的价值无须多言。

要学会流量思维,需要掌握四大核心要素（见图 1.2.8）。下面结合这几个核心要素详细进行阐述。

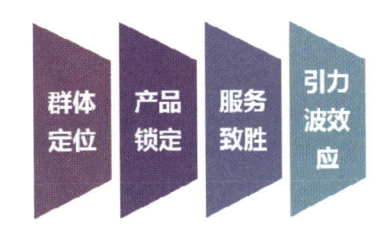

图 1.2.8　流量思维四大核心要素

第一,目标群体的准确定位。流量的最终价值实现还是要依靠目标群体的定位。以商业应用为例,是先定位群体后开公司,还是先开公司后定位群体呢?一般是选择前者,但也不尽然,如爱彼迎（Airbnb）公司。作为非常受欢迎的全球民宿短租公寓预定平台,它的做法一开始也是先定位群体,但正式运作起来后,流量定位与以前截然不同。

第二,主打产品的准确锁定。很多企业陷入困境不是因为产品不好,而是因为产品没有锁定准确的用户群体。小区周边的便利店为何能开 20 年，一家高科技公司却不到 5 年就亏损上亿元呢？沃尔玛能历经半个世纪而不倒，它就是比便利店大一些的超市，和便利店一样，售卖的都是人们必需的生活用品，这就是对流量需求的精准产品定位（见图 1.2.9）。如果便利店卖计算机，沃尔玛卖旅游路线，结果就会不一样。了解所需流量的特点，才能准确提供产品。

图 1.2.9　产品精准锁定

第三，优质服务的制胜秘籍。服务是什么？一般被认为是产品的售后维护。确实如此，但更准确的理解是：服务是产品的一部分，是产品的延伸。没有服务的产品，只卖出一半，另一半是用户付费后应该为其提供的。然而，很多公司没有认识到这一点。也正是因为缺少相应的服务，流量才会越来越少。

第四，引力波效应的正确应对。曾有专业人员探讨"引力波"现象。它是一种黑洞爆炸后的涟漪反应，其后会产生巨大的黑洞。一方面，引力波效应对用户产生连锁反应；另一方面，我们需要建立流量的黑洞效应。

除了以上的几个核心要素之外，理解流量思维还需要注意两点。其一，免费是为了更好地收费。互联网产品大多是用免费策略来极力争取用户、锁定用户的。原来的 360 安全卫士就是用免费杀毒占据杀毒软件市场，但现在回过头来看，几乎没有多少计算机用户还在使用收费的杀毒软件了。这一现象印证了"免费是最昂贵的"这句话。当然，并不是所有的企业都能如此大胆地选择免费策略。该策略的选用还需根据产品、时机和资源而定。其二，要坚持到质变的"临界点"。任何一个产品，只要用户活跃数量能达到一定程度，就会产生质的变化，从而带来价值或商机。如果 QQ 没有当年那份坚持，也不可能拥有现在的市场地位。焦点经济的时代，先要把产品的流量做上去，才会有更多的机会思考和解决后面的问题。否则，企业可能连生存的机会都没有。

六、社会化思维

在现代社会中，社会化表现最为突出的领域就是商业领域。现代商业将客户群体视为一个核心网络，这种网络形式将改变商业活动在生产、销售、营销等各个环节的整体形态。有效地利用社会化思维能产生出人意料的效果。

社会化思维产品里面的翘楚当属微信。截至2020年12月31日，微信及WeChat合并月活账户数达12.25亿。"微信成为一种生活方式"得到了国内外用户的一致认同。微信已经成为中国数字经济的标志性产品之一。腾讯的创始人之一张志东在2016年的腾讯微信事业群召开的年度管理团队领导力大会上谈到：社会化思维面临着巨大的挑战，这个挑战不是产品、技术或者商业化的挑战，而是社会化的挑战。

早在2016年，微信的用户数目就完成了从1亿人到6亿人的突破。但微信所引发的社会化复杂度远远不是"从一到六"这么简单。张志东曾用"老鸟"一词来形容那些在互联网上久经考验的人，他们从互联网和计算机最初出现的时代就开始使用互联网，经历了互联网在生活和工作应用中的一系列更迭变化，具有很强的信息辨别能力和自我保护能力。但当微信用户急剧增加到近十亿人时，覆盖范围几乎遍及中国的绝大多数群体，如三四线城市用户、中老年用户、农村用户等。移动网络对于他们而言不啻为骤然打开的新世界。他们就像是一只只"菜鸟"，严重缺乏对互联网信息的辨别能力，自我保护能力也非常弱。应对这种用户群体的变化、社会化程度的激增，社会化思维才是正确的解决思路，要将社会各人群和阶层的复杂性作为社会化思维的一项主要研究课题。当然，这也是微信团队进一步解决社会化问题的思路。

此外，对微信这样的产品而言，社会化思维还要研究如何帮助网络"菜鸟"用户在产品使用过程中提升鉴别能力。这也是社会化的一个重要课题。例如，我们每个人的手机里可能都有若干家人的微信群，这里一般是长辈们非常活跃的"地盘"。他们经常会在里面转发非常夸张的励志鸡汤或养生文章，甚至是所谓的长寿秘籍等。他们会认真地说："这是微信上说的啊，你看这些公众号名字叫'长寿必读''养生之道'啊！"[1]

类似这样的问题，在用户量级比较低的时候可能还不太尖锐。但当用户量级到了近十亿人的时候，即使有网络打假、企业认证、增加举报和处罚力度，依然无法解决问题。在微信公众号大行其道的今天，我们如何去鉴别每个公众号背后信息的真伪？如何去判断它们的信用？网络信息来源的信用又能否可视化？这一系列的问题，在汹涌的数字化社会大潮中，被不停放大并越发凸显。如何帮助每一个网络用户甚至网络初学者不被劣币误导？如何正向增强数字化时代的信息化常识，避免劣币驱逐良币？这是下一阶段值得我们特别关注的社会化问题。

> **名词释义**
>
> 劣币驱逐良币：当一个国家同时流通两种实际价值不同而法定比价不变的货币时，实际价值高的货币或银子（良币）必然要被熔化、收藏或输出，从而退出流通领域，而实际价值低的货币（劣币）反而充斥市场。
>
> 狭义来说，劣币驱逐良币，是指因为信息不对称，物品的估值方（信息缺少的一方）估值一定时，物品的提供方（信息充分的一方）会选择提供实值较低的物品（劣币），致使实值较高的物品（良币）越来越少。广义来说，劣币驱逐良币泛指一般的逆淘汰（即劣胜优汰）现象。

还有一个值得研究的课题是：社会化思维中的人性弱点。心理学告诉我们，人性有很多的弱点。在现实生活中，有一小部分人会沦为这些弱点的奴隶，但一般情况下，大多数人都能靠道德和意志战胜这些弱点。然而，在信息化社会，虚拟网络对面的未知性和网络环境的复杂性，使得数字化时代的信息过载产生急剧共振，从而放大了这些人性弱点的表现性，对社

---

[1] 第1财经：《腾讯张志东内部演讲：大力强化微信"社会化"思维》，http//www.yicai.com/news/5146673.html。

第一章 信息化思维——"互联网+"时代的转型思维

会的影响也随之剧增。面对这些"弱点",我们虽然不能消灭它,但需要不断反思,用智慧和创新去帮助社会降低这些阵痛和代价,做到不让它增长与繁衍。

有研究证明,8亿名用户背后的社会复杂度已是无前人经验可借鉴的"深水区"。除了上面说的场景之外,必然会有更多更深远的数字化社会难题接连浮现。它所面对的社会化挑战,甚至比最初从零开始创业的挑战更大,责任也更大。

目前,社交媒体已形成多种传播形态和运营模式。有基于强关系的社交媒体,如微信;也有基于弱关系的社交媒体,如微博;还有基于位置服务的社交媒体,如滴滴打车。粉丝和网红打造了一个个社交入口,直播和平台则把社交推向每一个角落。今天,无社交不传播,媒介化与社会化已融为一体,社交媒体已经从"内容为王"发展到"连接一切"。社交媒体的价值观传播正在重构我们的社会关系,不但打破了传统媒体的"面"上的传播关系,更是打破了一直以来"差序格局"的社会关系建构方式(见图1.2.10)。

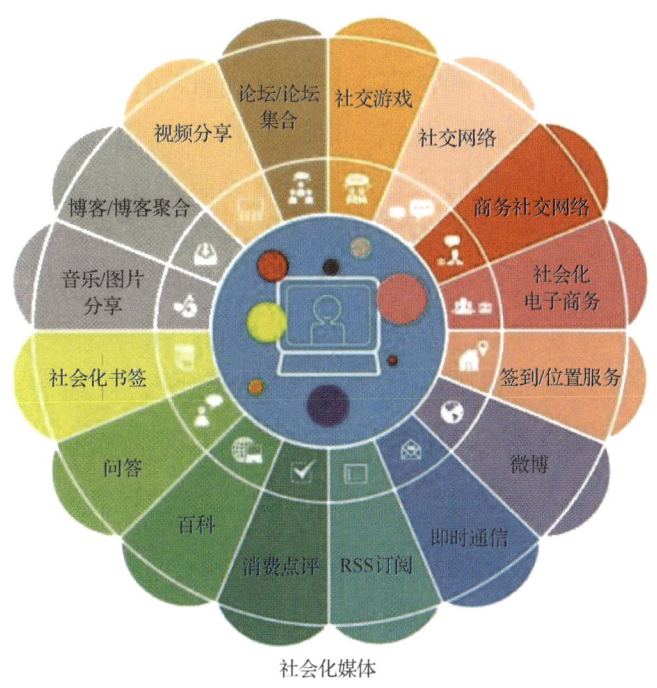

图1.2.10 社会化媒体分布架构

> **名词释义**
>
> **差序格局**：是指发生在亲属关系、地缘关系中的，以自己为中心像水波纹一样推及开，愈推愈远、愈推愈薄且能放能收、能伸能缩的社会格局。此外，它还会随自己所处时空的变化而产生不同的圈子。

七、大数据思维

大数据思维[1]，是指对大数据的认识，对信息、资产、关键要素的理解。在信息化时代，商品、人和交易行为大量地迁移到了互联网上，从而实现了"在线化"。只有"在线"才能形成"活的"数据，使其能够被随时调用和挖掘。在线化的数据流动性最强，不会像以往一样仅仅封闭在某个部门或企业内部，而是可以随时在产业上下游、协作主体之间以最低的成本流动和交换。数据只有流动起来，其价值才能得到最大程度地发挥。

以税收为例，充分运用大数据的理念和技术，深化数据集成应用，能增强办税服务的质效。一段时间以来，潍坊市税务局不断深化"一次办好"改革，全力实现税收审批服务便民化。在这一领域，大数据发挥了至关重要的作用。从一定意义上说，借助大数据，税收改革工作正在向"一次办好"升级，一条"信息管税、数据服务"的新路子渐显清晰。用好大数据，首先要有大数据，这就需要搭建一个功能齐全、快速便捷的数据平台。为此，潍坊市税务局研发了一个集成登记、征收、收入核算、纳税服务、风险管理等13大类业务领域、195项功能模块的综合数据分析平台，在昌乐县税务局试点成功并全面推广。这个数据中心与"一次办好"改革紧密结合，对各个涉税业务系统、各类海量信息进行了有效整合。

在思维特点上，大数据思维还有一个突出的表现就是从传统的因果思维转换到创新性的相关思维。对于传统思维惯性中的因果思维方式，人们习惯于从结果中找原因，或者由一种现象推出一个结果。而大数据思维恰恰相反。

---

[1] 张书城：《公共服务要有"大数据思维"》，《人民日报》，2018年9月26日05版。

它不必花精力去证明这个事件和那个事件之间的必然联系，也不必推导两件事情先后关联发生的因果规律，只需要按照大数据统计的概率去寻找，出现某种事件的情况下大概率会出现的相应结果。这种相关性不需要符合因果联系。我们只要发现有这种迹象，就可以用这种相关性做一个支持决策。这是和以前的思维方式很不一样的一种新思维方式。

美国有一款名为"个性化分析报告自动可视化程序"的大数据工具，就是体现这种思维的一个典型案例。这个大数据工具专门从网上挖掘数据信息，并对其进行分析。通过数据比对，把这些信息与以前的数据关联起来，竟可以分析出一些意想不到的有用信息。

曾经，纽约市充斥着非法在建筑物内打隔断的现象，使相关建筑物发生火灾的可能性比其他建筑物高很多。纽约市的消防巡检员即使全员满岗也无法保证彻底消除这些消防隐患。于是，市长办公室的一个专家分析小组想到了使用"个性化分析报告自动可视化程序"这个大数据工具来帮助解决问题。他们在这个程序的基础上建立了市内几十万座建筑房屋的数据库，并把这些房屋所涉及的水电使用异常、缴费拖欠、救护车使用甚至鼠患投诉等数据接入数据比对。利用这些数据，专家小组大大提升了判断高危风险房屋的效率。过去，房屋巡视员出现场时签发房屋腾空令的比例只有10%；采用新办法后，该比例上升到了70%，大大提高了整个城市的消防预防效率。这些看似互不相干的数据之间竟存在着如此耐人寻味的内在联系，正是大数据思维魅力的体现。

八、平台思维

平台思维是一种可相互合作、资源共享、平等沟通的思维范式。有了平台思维后，人们不再限于局部观念，而是站在新的角度去看待问题。例如，一个人入职某单位后，便成了一个有固定职位和角色的人，各层级间的关系将会被区分对待。若保守来看，只认为存在固定差别，就容易局限；若用平台思维来看，则会清醒地认识到自己所应承担的责任，认识到自身与他人的联系与区别、互利合作关系及全局关系。

青岛市委书记王清宪率领青岛市党政考察团在华为公司考察时,被华为公司的平台思维所吸引。2019年4月,他在深圳考察学习时说:"华为的发展思维、战略、逻辑很值得政府部门和城市发展借鉴。对华为搭建平台,整合资源,形成产业生态体系的做法,要认真学习研究。"[1]

此后,在多个场合,王清宪都强调"树立平台思维,尊重企业主体地位,提高政府服务效率和决策水平"。平台思维作为一种互联互通互动的网状思维,是一种新型的、开放的创新思维。它带给我们更多的是一种重要的思维方式和工作方式。然而,在实际工作中,相当数量的领导干部还非常缺乏平台思维。要么是点性思维,就一个点说一个点;要么是线性思维,从这个点到那个点;全盘体系和全平台统筹的意识还非常薄弱,能力还有待提升。

平台思维就是通过平台先把信息、人才、技术、资本、人脉等优质资源聚集起来、整合起来,然后深度挖掘它。这样,既开阔了我们的视野思路,又能使资源之间发生关系和互动,实现价值倍增的创新创造。这就是平台思维方式在实际工作中的效能。很多时候,不搭建平台,各种要素之间就不容易发生关系;不发生交互,资源就整合不起来,形不成合力。所以,平台思维实质上是充分利用市场机制整合资源。

运用平台思维,就要很好地发挥政府和市场两只手的作用。例如,申办一批重大论坛、重要会议、重大会展,搭建一批创新的、产业的、开放的平台,让各种信息、人才、资本、技术、市场、管理等要素在这个平台上组合互动。如果大家都能在这个平台上实现资源价值的倍增,地区经济的快速发展自然水到渠成了。

九、跨界思维

跨界思维同样是信息化思维中非常重要的一种思维方式。跨界思维是一种要求我们具备大世界、大眼光,打破常规、打破界限,用多角度、多视野

---

[1] 中国网:《王清宪一行深圳考察 与华为徐直军杨瑞凯等探讨科技创新》,2019年4月9日。

看待问题和提出解决方案的思维方式。

随着互联网技术的发展，很多传统产业的边界逐渐变得模糊。如大家所见，一个突出的表现就是互联网企业的触角已经无孔不入，涉及金融、零售、娱乐、电信、交通、媒体等社会的各个方面。例如，在 2013 年，出租车的电召行业怎么都不会想到，会半路杀出打车软件来跟它抢生意（见图 1.2.11）。

图 1.2.11　交通跨界

2013 年，支付宝毫无预警地进入金融业。虽然它没有过多改变传统行业，但足以使传统行业为之一惊。阿里巴巴、腾讯相继申办银行，小米做手机、电视，都是基于这样的逻辑。所以，作为传统行业，要敢于自我颠覆、拥有变革意识，只有这样，才能持久立足。

中国首创的共享单车，在世界上拉开了共享经济的序幕。自行车这一存在了数百年之久的传统工具，与互联网、物联网等新兴科技产生了奇妙的化学反应。这个古老的交通工具和行业跨界结合，释放出了巨大的能量（见图 1.2.12）。

跨界思维教会我们，当遇到某个难题，采用常规的解决方案长时间无法攻克时，或者在某个领域当中很难进一步提升时，不妨试试跨界思维。

综上所述，九大思维模式构成了信息化思维的基础。我们要自觉、主动地使用信息化思维，并将这些思维模式灵活地应用到工作生活的各个方面。

图 1.2.12　共享单车

第三节　信息化思维案例解析

信息化思维从提出到现在，经过短暂而快速的发展，已经被应用于社会生活的方方面面。社会各行业各领域的发展，在信息化思维模式的指导下，本着开放、共享、共赢的初衷，利用大数据和跨平台的优势，追求极致、简约的用户体验，都产生了颠覆性的变化（见图1.3.1）。

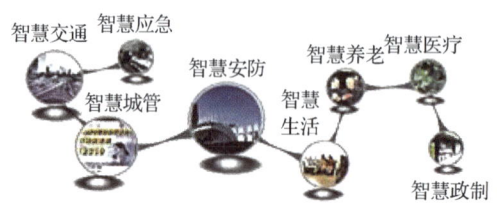

图 1.3.1　智能区域图

一、行政领域信息化思维

行政管理的基础与信息是密不可分的。政府部门的日常工作内容包括信息采集、信息传输管理、信息处理、信息发布等，各级领导干部在履行职责的过程中更是离不开信息。例如，我们可以通过信息来了解各部门的工作情

第一章 信息化思维——"互联网+"时代的转型思维

况，并进行科学的决策。换种说法，行政管理其实就是包括行政信息采集、信息处理和信息发布的一个过程（见图1.3.2）。

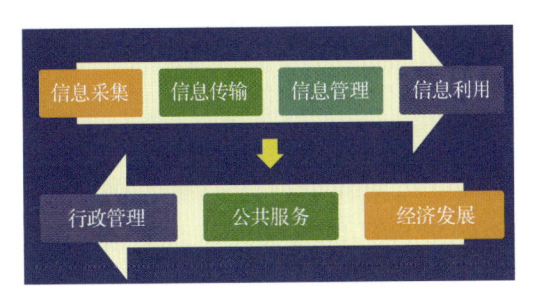

图1.3.2　行政管理流程图

要在政府政务管理中树立信息化思维，就要求政府官员可以运用信息化思维来进行新的信息采集、信息传输、信息管理和信息利用，有意识地运用信息化手段对行政管理、经济发展、公共服务等内容进行再审视和再思考。政府通过互联网、物联网、大数据分析、人工智能等技术，整合城市运行核心系统的各项关键信息，进而改变对包括民生、环保、公共安全、城市服务、工商业活动等在内的各种需求的响应方式与服务感知（见图1.3.3）。

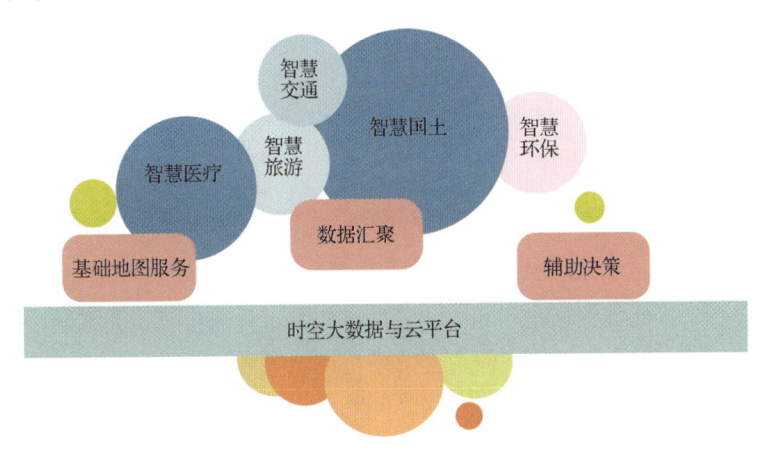

图1.3.3　时空大数据与云平台图

2020年，在对新冠肺炎疫情的战役中，有的地区反应迟缓、措施不当，使疫情防控工作暴露出巨大的漏洞。但以浙江省为典型的不少地方却能在最短时间内做出一系列堪称教科书级别的应对措施。2020年1月23日，浙江省就已经启动了突发公共卫生事件一级响应，全省紧急布防。浙江省为什么反应如此迅速？这跟其政务处理的高度信息化有着密切关系。

新冠肺炎疫情暴发以来，浙江省各级政府充分利用信息化思维，使用大数据部署落实工作，信息化、大数据在疫情防控的各个环节中都扮演了重要角色。信息技术已然成为应对新冠肺炎疫情的有力"武器"之一。

1. 大数据研判疫情

浙江省依托"大数据+网格化"对疫情做出精准判断，提前预测新冠肺炎疫情发展趋势，有效地指导了各类医疗资源的合理调度，努力实现"人受控、物畅通"的目标。通过疫情数据采集分析图，相关部门可以尽早发现疑似病患和密切接触者，有助于实时地间断中止、堵截传染源。

2. 5G技术助力疫情检测

在新冠肺炎疫情期间，5G网络不仅满足了基本的通信，还积极地和其他技术进行深度融合，产生了全新的5G+战"疫"应用方案。浙江省将"5G热力成像体温检测系统"广泛应用到机场、地铁等人流密集的场所，实现了规模性人群的快速精准体温筛查（见图1.3.4）。同时，将"5G+VR"技术应用于信息化的医院建设之中，实现了远程会诊、远程探视等环节。"5G+VR"技术不仅助力疫情防控，还能更好地提高临床诊疗实效。通过"5G+VR"技术，实现了全国顶尖医学专家对各种典型病例的发展开展集中讨论和诊断分析，也加快了最新治疗经验的推广。

图1.3.4 热力成像体温检测系统示意图

3. 云技术抗疫机器人

在新冠肺炎疫情防治期间，由于医护人员人手紧张，防控压力巨大，为最大限度地避免病毒的交叉感染，智能消毒机器人投入使用。智能消毒机器人可在无人环境下实现自主导航、自主移动，高效精准地对室内进行消毒，全天 24 小时自动维持地面的消毒清洁。而浙江大学医学院附属第二医院急诊中心使用的 5G 云端抗疫机器人（见图 1.3.5）不仅可以进行药品和食品的传送工作，还可以实现治疗药物、医用护理器材、食品衣物的无人化配送。另外，"5G·VR 疫情远程诊疗系统""云视讯"系统等信息化应用都为奋战在防疫一线的政府、医院提供了高效便捷的智能化沟通工具，帮助他们分担防疫压力。

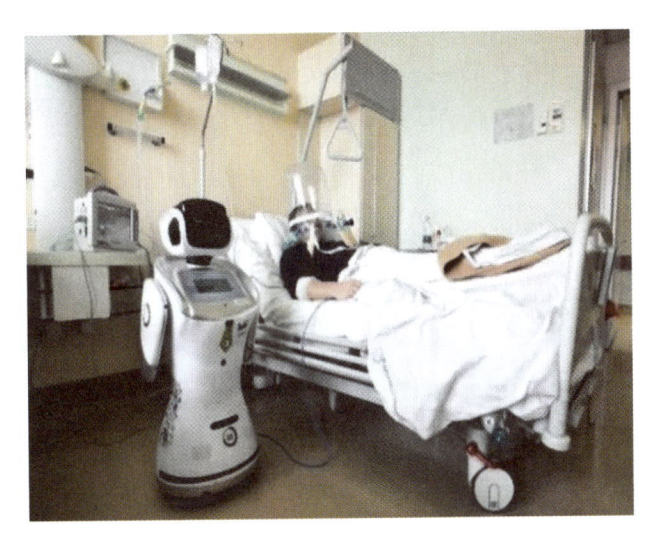

图 1.3.5　5G 云端抗疫机器人

4. 人工智能新冠肺炎联防联控平台

2020 年 1 月 27 日，浙江省卫健委联合阿里巴巴，用一天时间迅速搭建出一整套的新冠肺炎联防联控平台。浙江省卫健委应用"疫情信息采集系统"进行全面的信息管理并支持决策。这一全新的系统覆盖了浙江省 11 个地市级卫健委、90 个区县级卫健局、上千个基层防控工作小组。全省群众足不出户就可以主动申报疫情或提供线索，查询自己是否与患者同行过，申请一线医生答疑解惑。在平台上线的第一天，"浙里办"App 的网上智能问诊服务使用率就超过了 92%。该平台目前还支持多部门数据的实时导入，使基层能快速上报疫情，并通过智能表单汇总重点防控人员的健康信息。

5. 新冠肺炎检测分析平台

该平台（见图 1.3.6）利用全基因组检测技术，对疑似病例的病毒样本进行全基因组序列的分析比对，从而防止病毒变异漏检，大幅提高疑似病例确诊准确率，助力疫苗和治疗药物的研发。

6. 慈善捐赠溯源平台

2020 年 2 月 10 日，杭州慈善捐赠溯源平台"善踪"正式上线。该平台利用联盟区块链网络，为新冠肺炎疫情中的慈善捐赠提供全链路可信的高效解决方案，使平台的使用双方都可以方便快捷地查询信息。捐赠方能够顺利完成物资捐赠，受捐方能及时收到捐赠物资。不仅如此，群众还能看见捐赠的全流程，让每一笔捐赠都能找到落脚点。慈善捐赠溯源平台的使用，不仅能优化各环节中的信息流通与实际运转的行为时间，还能降低完成捐赠的难度并提升捐赠的效率。

图 1.3.6 新冠肺炎检测分析平台示意图

7. 云技术视频远程支持一线报道

新冠肺炎疫情发生以来，全国媒体奔赴一线开展疫情报道。杭州趣看科技公司为全国媒体提供疫情报道的视频技术远程支持、内容分发、联动共享等特别服务。

新京报、澎湃、封面、天目新闻等媒体的医疗团随行记者都使用趣看视频技术服务为全国人民带来"抗疫"的一线报道。趣看视频云通过强大的 CG 编辑器，实现 gif 图片、多维合成、动态字幕、多窗口连线互动等功能。新冠肺炎疫情期间，趣看支持完成国内重要疫情新闻发布会、各省市级新闻发布会百余场，保障全国各级媒体进行特别视频报道千余小时。

8. 物联网调度车辆运输救助物质

物联网技术已经应用于抗击疫情行动。各地公共卫生中心投入保障车

第一章 信息化思维——"互联网+"时代的转型思维

辆,将车型搭载车联网终端,让车辆具备通信、定位、辅助驾驶、智能交通分析等功能。通过车联网平台,能够实时了解机场、车站、海关的运输热力图,及时、安全地调度车辆,快速满足救助物资的运输需求。

通过这些发生在身边的实实在在的案例,我们认识到,信息化不仅仅是一种技术手段。在"互联网+"时代,只有将信息化思维深入贯彻至管理工作的方方面面,才可以促进行政方式的变革,实现创新性的效果。在行政管理工作领域,要求广大干部自觉地把信息化融入具体履职工作中(见图 1.3.7),以提升履职能力。时代在变化,干部思想观念也必然跟着转变。在现代信息社会中,"电子政务"是政府部门开展行政管理、提供公共服务的常规手段,"电子党务"是提升党建水平的重要措施。因此,基层领导干部更要充分认识当代信息化的政治价值,自觉树立信息化思维,进一步提升履职能力。

图 1.3.7 微信"政务大厅"示意图

那么,政务工作如何在信息化思维模式下实现转型升级呢?李克强总理在 2016 年东亚峰会后谈到:基层政府官员都要"用好手机",设计好互联网的渠道,不断提高处理政务信息、感知群众冷暖和应变社会舆情的能力[1]。在某些领域,我们已经取得了一些成绩。例如,政务微博作为中国政府部门推出的官方微博平台,力行"织博为民",已经在社会管理创新、政府信息公开、新闻舆论引导、倾听民众呼声、树立政府形象、群众政治参与等方面起到了

---

[1] 中国政府网:《李克强:各级政府官员要不断提高感知群众冷暖应变社会舆情的能力》,2016 年 9 月 14 日。

积极的作用。政务微博方兴未艾，政务微信已崭露头角，微博"前浪"还未降温，"后浪"微信又紧随而来。作为移动互联网时代一种全新的沟通交流方式，继"官微"之后，政务微信成了官民沟通的一个全新平台。相信随着各部门进一步改革思想、深化认识，信息化思维在行政管理中将发挥出更广更深的影响。

二、工业领域信息化思维

信息化思维最初是针对工业化思维概念提出的。工业化时代的标准思维模式是大规模生产、大规模传播和大规模销售，这可以被称为工业化时代的三大特点。但是到了信息化时代，这三个基础被解构了。我们常说，在工业发展进程中，根据其不同特点可以划分为不同的阶段：工业 1.0 是蒸汽机时代，工业 2.0 是电气化时代，工业 3.0 是信息化时代。目前，众所周知，全球进入工业 4.0 时代（见图 1.3.8），即利用信息技术促进产业变革的时代，也就是智能化时代。

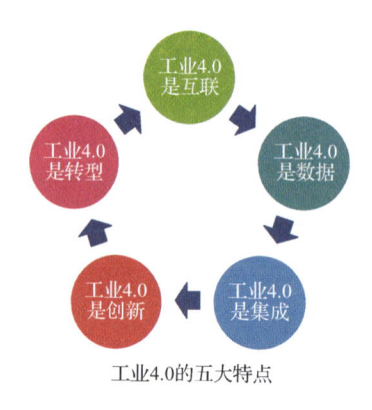

工业4.0的五大特点

图 1.3.8　工业 4.0 特点图

信息化思维进入工业领域后，犹如发生了奇妙的化学反应，改变了工业和制造行业的每个环节，包括产品的设计、生产、投入、营销等（见图 1.3.9）。

1. 产品设计

信息化思维模式对产品设计的改造突出体现了"用户至上"的用户思维。一个典型的案例就是尚品宅配。

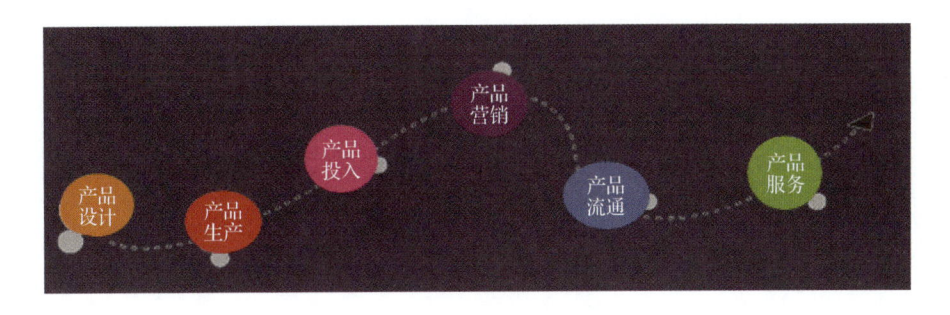

第一章　信息化思维——"互联网＋"时代的转型思维

图 1.3.9　工业领域流程图

尚品宅配是一家个性化定制家居企业，每年保持 60% 的增长速度，2014 年的销售额就已经超过了 25 亿元。尚品宅配提出"让顾客成为创客"，这就是尚品宅配 C2B 模式的精髓。通过让顾客参与到对家的规划之中，和设计师共同完成设计方案，不但能够成就每个顾客属于自己的家居梦想，也为尚品宅配提供了源源不断的创意。企业数字化设计加数字化制作再加数字化管理，解决了个性化设计和批量生产之间的矛盾。把少数人的定制变成多数人的生活，更多地满足客户的个性化需求。

2. 产品生产

在产品生产上，我们熟悉的小米，结合大数据、跨平台和社会化的信息化思维方式，从创业到生产仅用了 3 年时间，市值估价就达到了 100 多亿美元。众多企业也各自构建了不同的互联网平台，对接用户需求、全球参与研发，广泛征集产品创意和技术解决方案。但其中比较成功的还是小米，它通过对自身产品的改进升级占据了市场。

3. 产品投入

在产品投入中，最具代表性的案例就是京东众筹（见图 1.3.10）。目前，京东众筹已成为国内首个亿元级平台，筹资成功率近 90%。其实，最初的京东众筹就是一群人通过"凑份子"的方式去进行一个项目或者实现一个梦想。如果项目成功，发起人到期会给支持者一定的回报；如果项目失败，则会返还支持者全部的投资额。对一个只存在于概念设计阶段的产品进行投资，而且还是大规模投资，这在以往的社会模式中是不可想象的。在这里，众筹体现了信息化思维最擅长的迭代思维和流量思维。

图 1.3.10　京东众筹产品图

京东众筹作为京东金融集团的第五大业务板块，旨在打造门槛极低、新奇好玩、全民都有真实参与感的众筹平台，主打产品众筹。产品众筹是出资人对众筹项目进行投资，以获得产品或服务。通俗地说就是：你用资金支持我，我用实物或者虚拟权益回报你。京东希望通过众筹给自己的销售平台带来根本性的变化，让消费者在产品的产生过程中发挥更大的作用，从而将自己的商业模式从单纯的 B2C 转换为 C2B2C。

目前，很多已经上线的项目也纷纷加入京东众筹。它们首先看中的是京东众筹平台的营销价值。京东众筹平台有强大的用户和流量资源，不仅可以为它们吸引到客户，还可以帮它们筹集到大量资金，甚至可以通过持续不断的营销活动让它们在短短几个月的时间内成为知名的大众品牌。京东众筹的产业链整合资源优势是其他众筹平台无可比拟的，它帮助很多品牌节省了项目推广和后期产销的时间和成本[1]。

> **知识拓展**
>
> 京东众筹：2014 年 7 月 1 日诞生的京东众筹是京东金融建立的众多业务板块之一。在新消费升级时代，京东众筹不仅是一个为用户提供"与众不同"的趋势性产品体验的品质生活平台，更是一个为创新创业企业发展提速的筹资孵化平台。

4. 产品营销

产品营销中体现信息化思维的例子就更多了。在这里，我们举一个通过

---

[1] 案例内容引自京东众筹官网。

第一章 信息化思维——"互联网＋"时代的转型思维

"带客通"营销的案例。带客通是 2014 年国内第一款全民营销性质的应用。它可以发动全民帮助企业扩大宣传，从而为其带来潜在的意向客户，真正实现了全民营销。它曾在 150 天内，通过微博、微信等纯线上的营销手段，帮助万科与万达节约营销成本 11 亿元。

黄太吉也是一款靠"带客通"成功营销的餐饮业品牌，被称为"微博营销经典案例"。首先，黄太吉品牌在话题的附着力上下足了功夫，时不时地抛出一些带有附着力的话题，引发大家的讨论和围观。如"老板开奔驰送煎饼""美女老板娘送外卖""老板是百度技术男"等，这些话题本身就带有很强的附着力，可以迅速在社交网络上扩散，引发网友讨论。其次，黄太吉还在自己的煎饼铺里提供无线上网服务。这乍一听很匪夷所思，但实际上，店家想通过这种方式建立起一个"分享"的环境和氛围，让大家通过微博微信等手段把自己的"用餐经验"快速地分享出去，传递给自己的朋友，从而加速产品的销售与盈利。

工业 4.0 项目可分为三大主题：智能工厂、智能生产和智能物流（见图 1.3.11）。"智能工厂"重点研究智能化的生产系统及过程，以及网络化分布式生产设施的实现；"智能生产"主要涉及整个企业的生产物流管理、人机互动以及 3D 技术在工业生产过程中的应用等；"智能物流"主要通过互联网、物联网、物流网整合物流资源，充分发挥现有物流资源供应方和需求方的效力。这三大主题正好对应着工业和制造行业的每个环节，体现了信息化思维对工业领域的深刻影响。

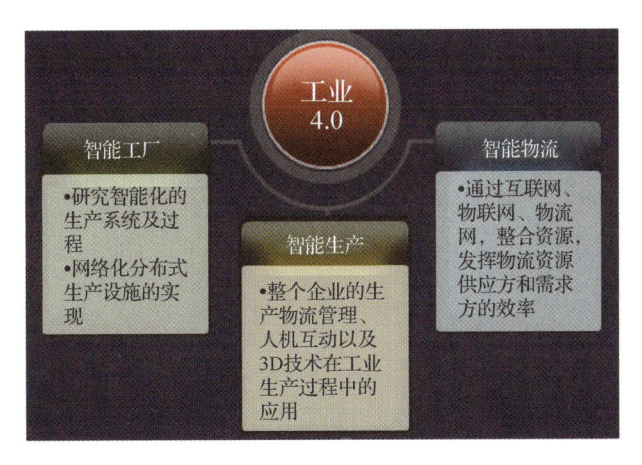

图 1.3.11　工业 4.0 三大主题图

三、农业领域信息化思维

当前,信息技术进一步向农业各领域渗透融合。农业生产智能化、经营网络化、管理数据化、服务在线化水平大幅提升,信息化成为创新驱动农业现代化发展的先导力量。围绕农业发展的需要,聚合政府、企业、社会的力量,农业信息化特别是"互联网+现代农业",助力农业"弯道超车",改变着农村的面貌,为乡村振兴提供着强劲动力。

随着大数据、移动互联网、物联网、智能决策等现代信息技术在农业中的快速应用,农业生产逐步实现精细化、智能化和数字化管理,智慧农业慢慢成形。与此同时,信息化在提高资源利用率、劳动生产率和土地产出率等方面的作用越发明显,为攻克"谁来种地、怎么种地"等难题提供了新思路。农业农村部紧紧围绕乡村振兴战略,强化农业信息化基础设施建设,完善基层信息服务体系,以信息化武器有力地推动农业农村现代化建设。

2017年9月,在第四届中国智慧城市(国际)创新大会上,农业农村部信息中心主任王小兵表示,信息化已经成为农业现代化的制高点,也是农业现代化的重要标志。在信息化时代,信息数据也成了新型的时代要素。一个典型的例子是,袁隆平团队研发的耐盐碱水稻(俗称海水稻)通过华为的云平台在青岛市城阳区试种成功。这标志着物联网、云计算和人工智能等信息技术开始与传统农业结合起来,即将掀起一场智慧农业的变革。

有资料显示,中国耕地18.65亿亩,其中,盐碱化土地高达14.8亿亩。根据测算,每年多栽种一亿亩盐碱地的"海水稻"就可以多生产300亿公斤的稻米,能够解决中国8000万人口的吃饭问题。就是在这种情形下,海水稻应运而生。

因为不同地区的盐碱地情况各不相同,所以,海水稻的栽种条件也要做出相应调整,其背后所涉及的许多方面也要随之调整。要想快速地将海水稻向全国推广,就必须借助现代化的信息工具。所以,华为为其量身打造了"农业沃土云平台"。该平台包括农产品溯源、生产管理、智能分析以及稻米智能制造四大功能,是集传感器、物联网、大数据、云平台于一体的智能化农业综合性服务平台。

目前，海水稻不但在国内"遍地开花"，还走出了国门，在中东地区也有其身影。据相关资料显示，2019年5月，迪拜的海水稻亩产测评高至500多公斤，是首个在热带沙漠中实验成功种植的水稻。农业沃土云平台的推广必将掀起一场智慧农业的变革，进一步实现从传统农业1.0、机械化农业2.0、信息化农业3.0，向智能化农业的转变[1]。

总体来说，农业领域的信息化思维前景可以从以下几个方面重点发力[2]。

（1）重点建设建成省级农业农村综合信息资源与服务平台。以省级统一管理的网络、软硬件设施和应用系统为基础，集成省级及以下政府的网络资源、信息资源和服务资源，进行统筹规划再利用，重点建设建成一个或多个省级农业农村综合信息资源与服务平台。省级平台作为国家平台和专业性平台的对接口，能够为全省范围内的农业领域发展提供综合性的信息与服务。

（2）运用现代化的信息技术改造传统农业。大力推进农业信息化的试点建设，积极发挥它们的示范作用。进一步普及现代应用信息技术，充分发挥农业产业化龙头企业和农民专业化合作社的带头作用，不断探索形成具有区域特色的农业信息化应用新模式和新典型。积极发展精准、高效、优质及生态的农业，提高农业精准化、设施化、规模化水平。加快开发智能化、多功能、经济型的农业设备设施，重点开发信息采集、管理信息、精准作业、农村远程数字化和可视化、灾害预警等技术。

（3）加快实施农业电子商务工程。围绕重点农产品，扶植建立一批专业化、跨区域的特色网站、交易网络，形成以批发市场、商贸中心、物流调度中心、商品集散地等为依托的农业电子商务服务体系。支持流通渠道的信息化改造，发展现代化物流。努力支撑订单农业、连锁经营、物流配送等需求，促进农村现代流通方式和新型流通业态的发展。

---

1 CTI论坛：《从农业沃土云平台看华为云掀起的智慧农业变革》，2018年12月18日。

2 工业和信息化部、农业部、科技部、商务部、文化部：《农业农村信息化行动计划（2010—2012）》，2010年4月1日。

四、教育领域信息化思维

作为国家信息化的重要组成部分,以数字化、网络化、智能化和多媒体化为特征的教育信息化,表现出越来越强大的生命力和创新力。而今,云计算、大数据、人工智能、虚拟现实等新兴技术不断被应用于教育领域,与互联网深度联动,彻底变革了传统的教育方式。

一所学校或一家企业的信息化建设是一个系统工程,需要信息化思维落地。而这个落地的过程,实质上是对运营和服务模式的重构与再生。这不是一个简单地使用新工具的事情,更重要的是对信息化思维模式的一次升级。信息化建设能否成功、何时成功,不仅需要优秀的信息技术和支持系统,更需要参与人思想的统一、认知的提升和心理的适应,最主要的是领导者、决策者的判断力和决心。

教育行业的信息化建设项目在信息化搭建过程中,要有校长、老师、家长甚至学生的参与。在整个过程中,需要每个角色都做好心理的准备、认知的提升和思想的统一,需要他们充分知晓项目将会给教学和管理工作带来的改变,以及这些改变的价值。

新冠肺炎疫情一度中断了学生乃至学龄前儿童的校园生活,相关的老师、学生都经历了人生中一个漫长的学期。但与此同时,疫情催生的各类云上协同办公、空中课堂、在线家长会等在线教育方式(见图1.3.12)意外地加速了教育领域的信息化发展。以在疫情期间表现尤为突出的腾讯教育为例,腾讯云副总裁、腾讯教育副总裁王涛就在未来在线教育云端论坛的演讲中谈到,"眼下,每周都有数万所学校通过腾讯教育的产品,在线开展教学教务工作"。

腾讯教育在新冠肺炎疫情期间主要进行了以下三项工作:第一,帮助教育主管部门和学校搭建在线教育平台,助力停课不停学;第二,为学生、家长提供更多优质的学习内容,帮助孩子在家实现自主学习;第三,助力线下教育机构向线上转型,共度疫情难关。

第一章 信息化思维——"互联网+"时代的转型思维

图 1.3.12　腾讯教育应用平台图

新冠肺炎疫情如同一场大考，全面检验着教育信息化的建设成果和实践经验。经此一"疫"，教育主管部门及校内师生的信息化能力得以大幅提高，信息化和教育教学场景的融合达到前所未有的高度。此外，在线视频互动教学模式的推出，对教育信息化的纵深发展具有很大的启示价值。

以德州职业技术学院人工智能校园（Artificial Intelligence Campus，AIC）平台（见图 1.3.13）为例。该平台是在借鉴国内信息化建设先进院校智能校园建设经验的基础上，由诊改委平台组主要成员共同研发的一款智能应用。目前，平台包含数据中心、管理驾驶舱及微信客户端等多个模块，旨在通过不断吸收应用学校的建设成果，致力打造适合本校情形的 AIC 生态圈。面对信息化社会，AIC 平台的思维必须及时更新换代。通过平台数据管理，充分认识人工智能校园平台的重要意义，做好数据的迁移、对接，调动全校教职工的积极性，营造校内良好氛围，齐心协力建成数据准确、全面的大数据库；以信息化带动教学、管理、服务、决策的科学化、精准化、专业化，推动学校在新时代实现高质量发展。

图 1.3.13　德州职业技术学院人工智能校园平台功能图

首先，运用信息技术开展工作，形成"惯性思维"并将其常态化。增强信息化建设的应用性，促进教职工由"被动用"向"主动用"转变。信息技术是脑力决定的技术，应在既懂教学、又懂信息化建设的人才培养和引进方面下苦功，在软件开发、系统设计等方面坚持"真正减轻教学工作人员负担""有效提高教学质量"等原则，使教职工在信息化运用中享受便利。

其次，学会打破思维框架，把不可能变为可能，用颠覆性的思维方式，把做不到变为可以做到，时刻保持互联网式的思维方式。把学生作为我们的服务对象，以更好地为用户服务的思维模式，重新审视我们当前的教育教学工作，对学生多一分接触、多一分关心，并借助互联网节奏，运用已掌握的信息制订工作计划。例如，在管理驾驶舱（见图 1.3.14）中，通过分析一卡通数据，就可以预判学生在校期间的衣食起居情况，从而做进一步的数据整合，并调整相关的工作计划。

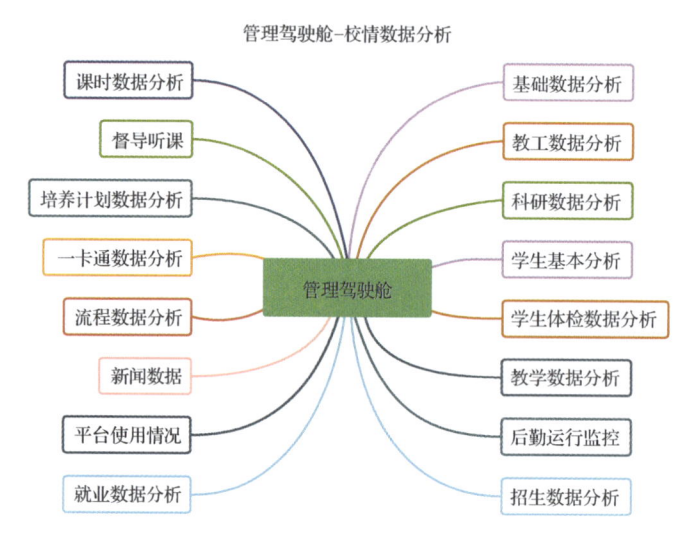

图 1.3.14　管理驾驶舱-校情数据分析示意图

最后，树立以数据为核心的思考方式。这种以数据为核心的思考方式就是信息化思维。把它运用到工作中，就是以全校师生数据为核心的信息化思维。这种思维是要把传统的"我认为师生需要什么就提供什么"等完全凭主观经验想出来的决策，转换成"师生们需要什么，我们就提供什么"的以客观需求定义的决策措施。进行这样的转变不意味着经验不重要，而是因为经验只能满足有限人群的需求，但数据却能满足更多人的需求。所以，信息化的思维价值在不同层面体现的是数据应用。应该说，信息化时代要求校园工作做到更加了解师生情况、更加洞察师生需求，让全校师生有更多的机会参与互动，为其提供最有成效的服务。

比如，学习使用和分享数据。充分利用 AIC 平台的数据共享、资源共用、难题共解的特性，如组织活动的好评率、满意度的评价等，为工作带来更方便、更精确、更高效的决策措施（见图 1.3.15）。坚持以师生需求为导向，充实整合各资源以实现网络化的服务。

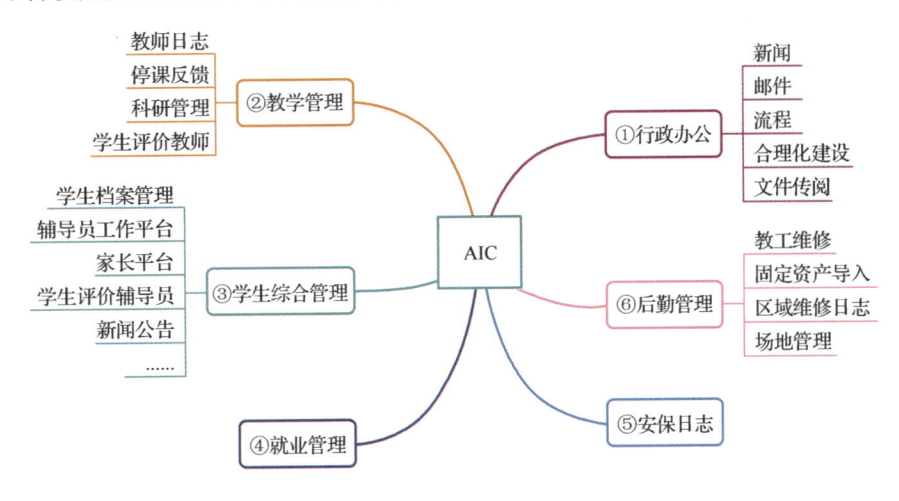

图 1.3.15　AIC 典型应用图

总之，在人工智能、VR/AR 等教育新形式层出不穷的今天，信息化思维进入教育领域，不仅带来了对新技术、新设备、新模式的探索，还使教育云服务和科教真正得以融合，从而推动传统教育理念、模式与方法的变革，推动学习方式和形态的转变。

除此之外，信息化思维对金融业、服务业、媒体行业等各行各业都产生了深远的影响，值得我们进一步探索和研究。

第四节　信息化思维带来的影响与面临的挑战

信息化思维模式正在影响着传统领域的各行各业，那信息化思维模式给我们带来了哪些机遇和挑战呢？

一、信息化思维带来的影响

信息化思维模式更注重便捷性、即时性、交互性、功能齐全性、服务灵活性、传播广泛性等，给个人、社会、国家各层面带来了很多积极的影响。

1. 个人层面

在个人层面，信息化思维模式这一新思维形态的建立，使得每个人能够借助网络技术摆脱学习、工作、社交、生活等各个方面的物理边界制约，并依托互联网信息技术实现学习、科研、生活的紧密叠加，为每一个个体提供方方面面的个性化服务。

以一个在校学生为例，除了参加常规的课堂授课之外，学生们还可以借助线上的"慕课"学习平台（见图 1.4.1）进行自主学习，根据自身的需求观看视频、分享观点、完成作业、在线练习、参加考试、获得证书等。

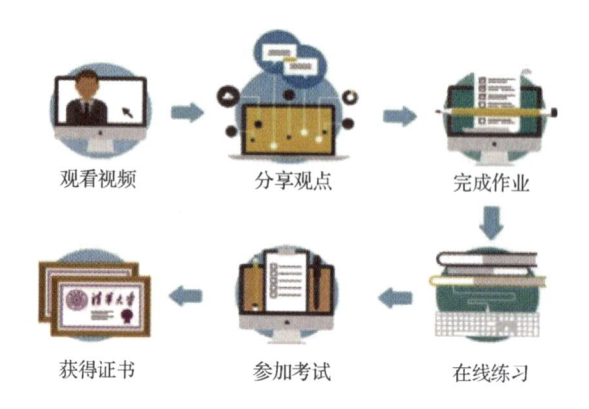

图 1.4.1 "慕课"学习平台

还有我们熟悉的智能穿戴设备，如智能手环（见图 1.4.2）。它可以记录我们日常生活中各方面的实时数据，如饮食、锻炼、睡眠情况数据等，并将这些数据与其他设备链接进行同步传送，从而引导我们健康的生活。此外，智能手环还可以进行网络链接实时分享。它可以对我们的睡眠质量、锻炼情况及心情进行记录，并通过绑定微信等 App 进行分享，给我们的生活带来了极大的新鲜感，增强了生活的便利性。

智能手环
追踪使用者活动
估算卡路里
计算活动距离
实时在线同步数据
随时查看追踪记录
身体不同部位穿戴

智能腰带
收集运动信息
发出语音提示
追踪使用者活动
计算活动距离
实时在线同步数据
记录地理恒置

智能手表
查看天气
遥控拍照
无线网络沟通
运动检测和数据管理
生成数据
云端数据同步

智能鞋
收集运动信息
发出语音提示
追踪使用者活动
计算活动距离
实时在线同步数据
记录地理位置

图 1.4.2　智能穿戴设备示意图

2. 社会层面

信息化时代很好地发展了人的社会关系，以网结缘的社交形式扩大了社会关系的范围，使人们从地域性个人变成了世界性个人。大家熟悉的豆瓣网就是一个这样的社区网站，深受年轻人的追捧。在豆瓣上，你可以自由地发表有关书籍、电影、音乐的评论。在这里，朋友的推荐往往对购买某种产品非常关键。豆瓣扩大了推荐的群体，使用户相信特定陌生人的推荐。我们可以将其理解为一种以具体物体为媒介的人脉关系网。

现在，信息化思维模式正由第三产业向第二产业进而向第一产业渗透。2014 年，中国一大批服务类 O2O 公司的崛起就是例证。传统集市通过信息化思维模式变成我们熟悉的淘宝，传统红娘变成受众众多的相亲网站，交通、银行、新闻等也慢慢转变成滴滴打车、支付宝、新媒体等。无论哪个行业，不进入信息化思维模式，未来就会被淘汰。我们可以看出，信息化思维和信息技术塑造了全新的社会生活形态，潜移默化地改变着移动网民的日常生活，也丰富了社会生活的形态。

3. 国家层面

从国家战略的角度出发，考虑信息化思维模式，借助以互联网为代表的新兴技术的力量，把信息化思维纳入国家行动计划，都是经济新常态下的理性选择。在简政放权背景下，如何提高事中和事后的监管能力，是很多具有市场监管职能的政府部门所面对的共同问题，而树立信息化思维可以有效解决这一问题。我们传统的做法往往是采用人海战术、运动式执法。这种做法虽然在短时间内效果显著，但监管行动过后，各种违法犯罪行为仍会再次泛滥。在信息化思维的指导下，有关政府部门要想履行好自己的市场监管职能，要先了解清楚本部门的监管对象。这就需要有关部门全面、准确、及时地掌握本部门职责范围内监管对象的有关信息，通过建立监管对象数据库，并将其连接到各监管业务应用信息系统，来搞明白它们是谁，在哪里，在干什么，以前干了什么等。

以食品安全监管为例。我们都知道，食品种类繁多，涉及的环节和企业不计其数，且相关企业分布的地区不尽相同。现有的食品安全监管体制被划分为不同的层面和环节，导致食品安全监管"行政碎片化"。通过信息化手段生成食品安全信息链，可以实现对食品全生命周期的监管，弥补现有食品安全监管体制的欠缺和不足，大幅度提升我国的食品安全监管水平（见图1.4.3）。

图1.4.3　食品安全监管系统示意图

二、信息化思维面临的风险与挑战

可以说,信息化思维模式带来了很多积极影响,但也充满风险与挑战,如信息庞杂性、信息可靠性、信息碎片性、人际隔离性、规范滞后性、安全风险性等。比如,现在人们学习使用抖音、快手等热门App,并在上面接触到学习一分钟就能用得上的知识和内容。但这种学习内容往往是为了迎合客户,未必是最好的知识,甚至还会让人们产生"我在学习"的假象,从而不愿意再去系统地学习知识。

在30年前汽车尚未普及的年代,人们缺乏的是信息;而在信息化时代的今天,人们不是缺乏信息,而是面对海量的信息缺乏甄别信息的手段。为了让自己的信息能够在用户那里脱颖而出,信息的制造者往往会绞尽脑汁地想出并选用各种非常规的标题来博取用户的眼球。如果某公务员贪污了大额公款,当网上充斥着大量的这种负面信息时,则会让人们的思维变得极端化。

在当今信息化的时代,我们手机上所有的App都有大数据收集功能,用来精准推送你喜欢的信息。比如,你在百度上搜索"宝马汽车",此后几乎你所有在使用的App都会给你推送宝马汽车有多好、宝马汽车市场保有量很大等信息。当你点开一个链接去看时,App就又收集到你点击并阅读了这条信息,会接着给你推送更多类似的信息。最后,你的手机上满屏都是你喜欢的东西,让你误以为其他人也喜欢这些。所以每个人看到的世界是他自己希望看到的世界,而不是真实客观存在的世界。这种现象被称为"世界进入了'后真相时代'"。

> **知识拓展**
>
> 后真相:用来描画客观事实在形成舆论方面影响较小,而诉诸情感和个人信仰会产生更大影响的情形。

当前,我国信息化发展还存在着一些亟待解决的问题,主要表现在以下六个方面。

第一，思想认识有待进一步提高。我国是在工业化不断加快、体制改革不断深化的条件下推进信息化的，信息化的理论和实践还不够成熟，全社会对推进信息化的重要性、紧迫性的认识仍需要进一步提高。

第二，信息技术自主创新能力不足。目前，我国信息化的核心技术和关键装备还主要依赖进口，以企业为主体的创新体系亟待完善，自主装备能力急需增强。

第三，信息技术应用水平不高。在整体上，应用水平落后于实际需求，信息技术的潜能尚未得到充分挖掘；在部分领域和地区，应用效果还不够明显。

第四，信息安全问题仍比较突出。在全球范围内，计算机病毒、网络攻击、垃圾邮件、系统漏洞、网络窃密、虚假有害信息和网络违法犯罪等问题逐渐突出，如应对不当，可能会给我国经济社会发展和国家安全带来非常不利的影响。

第五，数字鸿沟有所扩大。信息技术应用水平与先进国家相比存在较大差距；国内不同地区、不同领域、不同群体的信息技术应用水平和网络普及程度很不平衡；城乡、区域和行业的差距有扩大趋势，成为影响协调发展的新因素。

第六，体制机制改革相对滞后。受各种因素制约，信息化管理体制尚不完善，电信监管体制改革需要深化，信息化法制建设需要加快[1]。所以，我们要正确认识信息化思维模式。信息化时代所做的是对某些传统行业的改造，是对它们的加速升级，并没有从根本上改变传统的内涵。比如，电商只是去掉了中间环节，并没改变零售的本质；使用信息化思维经营的饭店，菜不好吃也得关门。

---

[1] 中共中央办公厅、国务院办公厅：《2006—2020年国家信息化发展战略》，2006年5月8日。

在新的历史时期和挑战下，为了更好地做出应对，一个很重要的方式是加强管理、学习和培训。建议各级政府机关企事业单位多进行信息化和网络安全等方面的培训，使大家充分意识到信息化思维在党建、政府、经济、民生等方面起到的重要作用。大家不仅需要学习新知识和新技术，还要掌握信息化思维的新思想和新理念，这将进一步促进信息化思维的迅速发展。希望我们这个专题可以抛砖引玉，引发大家对信息化思维做进一步思考。

02 信息化应用
——"IT时代"的技术应用

Informational

内容简介

本章简要介绍人类信息技术革命的发展历程，明确信息技术和信息化的概念，简述大数据、云计算、人工智能、5G、物联网、虚拟现实、区块链等新一代信息技术，以案例的形式介绍信息技术在工业、农业、金融、交通运输、商贸、医疗、教育、文化娱乐、旅游等行业或领域中的应用。使读者能对相关技术的发展和应用有一个基本的了解，在一定程度上拓展读者对新一代信息技术在各领域中应用的认知，增强读者在生产、管理等工作中的信息化意识，改进工作方法，促进生产和管理效率的提升。

内容导读

☆ 信息化发展历程

☆ 现代信息化核心技术

☆ 信息化在各行业领域中的应用

☆ 信息化建设

本章引言

科学技术是第一生产力，人类的进步离不开科学技术的发展。信息技术是科学技术的重要组成部分，科技革命带动了信息技术的发展，信息技术的

第二章　信息化应用——"IT 时代"的技术应用

应用与发展推动了信息化的实现。进入新世纪，信息化更加深刻地影响人类经济社会的发展，已然成为当今世界经济社会发展的重要特征，同时正在推动一场全面的经济社会变革。信息化生产力已成为当今人类社会最先进的生产力，实现信息化可以降低成本，节约时间和资源，极大地提高生产效率和管理效率。

2016年，中共中央办公厅、国务院办公厅印发《国家信息化发展战略纲要》（以下简称《纲要》），要求将信息化贯穿于我国现代化进程，加快释放信息化发展的巨大潜能，以信息化驱动现代化，加快建设网络强国。《纲要》是规范和指导未来十年国家信息化发展的纲领性文件，《纲要》指出：当今世界，信息技术创新日新月异，以数字化、网络化、智能化为特征的信息化浪潮蓬勃兴起。全球信息化进入全面渗透、跨界融合、加速创新、引领发展的新阶段。谁在信息化上占据制高点，谁就能够掌握先机、赢得优势、赢得安全、赢得未来。所以，当今社会的每一个人，都需要具备一定的信息化基础知识和基本应用能力。

第一节　信息化发展历程

一、五次信息技术革命

1. 第一次信息技术革命

第一次信息技术革命以语言的使用为主要标志，发生在距今约 35000～50000 年前。劳动创造了人类，人类不断进化并产生了语言，语言使人类获得了特有的交流信息的手段和加工信息的工具。

2. 第二次信息技术革命

第二次信息技术革命以文字的出现为主要标志。大约在公元前 3500 年出现了文字，如古代中东两河流域的楔形文字、我国商代的殷墟甲骨文、古埃及象形文字等。文字的创造具有划时代的意义，文字出现以前，人类信息以口语的形式直接传递，受到时间和空间的约束；文字创造以后，信息使用文字来储存和传递，突破了时间和空间的限制，使人类文明得到了更好的继承、传播与发展。

3. 第三次信息技术革命

第三次信息技术革命以造纸和印刷术发明为主要标志。公元 105 年东汉蔡伦改造了造纸术。大约在公元 1040 年，北宋平民发明家毕昇发明了活字印刷术。此后，造纸和活字印刷术传播到世界各地。这两项发明使信息的交流与传递的容量和范围得到了明显扩大，推动了人类文明的迅速传播与发展。

4. 第四次信息技术革命

第四次信息技术革命发生在 19 世纪末、20 世纪初期，以电报、电话、广播和电视的发明与广泛应用为主要标志。1837 年美国人莫尔斯研制了世界上第一台有线电报机，1894 年电影问世，1925 年英国首次播映电视节目。这

第二章 信息化应用——"IT 时代"的技术应用

些发明创造使信息的传递手段发生了根本性的变革，加快了信息传输的速度，缩小了信息的时空范围，使信息能瞬间传遍全球。

5. 第五次信息技术革命

第五次信息技术革命发生于 20 世纪 60 年代，以计算机应用的普及、计算机与现代通信技术的有机结合为主要标志（见图 2.1.1）。计算机的发明与使用从根本上改变了人类加工信息的手段，突破了人脑及人体部分器官收集和处理信息的局限，极大地增强了人类收集、处理、使用信息的能力。

图 2.1.1　计算机的发明与发展

第五次信息技术革命的产生是由第四代科技革命推动的。科技革命将科学技术迅速提升为"第一生产力"，与生产力其他要素相比，科学技术成为推动生产力发展和经济增长的首要决定性因素。可以说，当今社会发展的根本动力是科技能力。

> **知识拓展**
>
> 科技革命：近代以来，人类社会经历了三代科技革命，目前第四代科技革命快速发展。这四代科技革命分别是：以机械为主导的第一代科技革命，以电力为主导的第二代科技革命，以信息为主导的第三代科技革命和以基因工程、量子信息技术、生物技术等为代表的第四代科技革命。每一代科技革命都起源于某一两项具有根本性和强大带动性的重大技术的突破，引发新技术体系的建立和产业升级。

我国的第五次信息技术革命从 20 世纪 90 年代开始，起步较晚但是发展迅速，目前已成为经济发展的重要组成部分。2010 年，国家把"新一代信息技术产业"作为战略性七大新兴产业之一进行系统规划，主要内容有：加快建设泛在、融合、安全的信息网络基础设施，推动新一代移动通信、下一代互联网核心设备和智能终端的研发及产业化；加快推进"三网融合"，促进物联网、云计算的研发和示范应用，着力发展新型显示、高端软件、高端服务器等核心基础产业，提升软件服务、网络增值服务等信息服务能力；加快重要基础设施智能化改造，大力发展数字虚拟等技术，促进文化创意产业发展。

二、信息化的概念与意义

1997 年，第一届全国信息化工作会议召开，会议将信息化和国家信息化定义为：信息化是指培育、发展以智能化工具为代表的新的生产力并使之造福于社会的历史过程；国家信息化是在国家统一规划和组织下，在农业、工业、科学技术、国防及社会生活各个方面应用现代信息技术，深入开发广泛利用信息资源，加速国家现代化进程。

21 世纪的信息化是以现代通信、网络、数据库技术为基础的，将所研究对象的各要素汇总至数据库，供特定人群生活、工作、学习、辅助决策，是与人类息息相关的各种行为相结合的一种技术，使用该技术后，可以极大地提高各种行为的效率，为推动人类社会进步提供技术支持[1]。

当今，信息资源日益成为重要生产要素、无形资产和社会财富。信息化要充分利用信息技术去开发使用信息资源，实现信息的交流与共享，促进经济高质量增长，推动经济社会发展和转型升级。20 世纪末以来，信息技术产业不断发展，信息技术广泛应用，信息化已成为全世界经济社会发展的主要特征。进入新世纪，信息技术不断创新、广泛应用、高度渗透，促进了各行业领域的变革。

---

1 王济昌：《现代科学技术名词选编》，河南科学技术出版社，2006 年 2 月。

第二章 信息化应用——"IT时代"的技术应用

信息化实现了信息技术在各领域中的高度应用，信息资源实现了高度共享。在这个过程中，人的智力潜力和社会物质资源潜力得到充分发挥，个体、组织和社会的相关行为活动实现了科学、合理、协调的运行。

信息化生产力是迄今人类最先进的生产力，它要求先进的生产关系和上层建筑与之相适应，一切不适应该生产力的生产关系和上层建筑将随之改变。

第二节　现代信息化核心技术

信息技术是指在计算机和通信技术的支持下，用以获取、加工、存储、变换、显示和传输文字、数值、图像及声音等信息，提供设备和信息服务的方法与设备的总称，包含通信、计算机与计算机语言、计算机游戏、电子技术、光纤技术等。

信息技术是在人类通过生产斗争和科学实验认识自然和改造自然的过程中，逐渐积累起来的获取信息、传递信息、存储信息、处理信息及使信息标准化的经验、知识、技能和体现这些经验、知识、技能的劳动资料有目的的结合产物。它是管理、开发和利用信息资源的有关方法、手段与操作程序的总称，是研究如何获取信息、处理信息、传输信息和使用信息的技术。总的来看，从广义上说，信息技术就是以电子计算机技术为代表的对信息的处理技术。

现代信息技术以计算机技术、微电子技术和通信技术为特征，其应用包括计算机硬件和软件、网络和通信技术、应用软件开发工具等。计算机和互联网普及以来，人们日益普遍地使用计算机来生产、处理、交换和传播各种形式的信息（如书籍、商业文件、报刊、电影、电视节目、游戏、语音、图形、图像等）。

近年来，人类的信息技术不断发展，以传统计算机和网络通信技术为基础，在信息的产生、收集、交换、存储、传输、显示、识别、提取、控制、加工和利用等方面有了新的技术发展和突破，也就是我们现在经常提到的大数据、云计算、人工智能、物联网、5G等技术。这些技术极大地推动了信息化的发展进程，促进了经济发展和社会变革。

一、大数据技术

"大数据"（Big Data）这一名称来自未来学家托夫勒在1980年所著的《第三次浪潮》一书，《自然》杂志在2008年9月推出了名为大数据的封面专栏。从2009年开始，大数据逐渐成为互联网技术行业中的热门词汇。

所谓大数据是指在一定时间范围内，无法使用常规软件工具进行采集、管理和处理的数据集合，是海量、高增长率与多样化的信息资产。大数据与我们的传统数据相比有规模巨大、增长迅速、类型多样、价值密度低、难以用传统手段处理等特点。

> **名词释义**
>
> 数据：对客观事物进行记录的符号，是对客观事物的性质、状态及相互关系等进行记载的、可识别的、抽象的物理符号。数据经过一定的加工处理成为信息。在计算机领域中，数据是指能够被计算机存储和处理的符号的介质的总称，如数字、图像、视频、音频等。

数据量达到一定级别后，会产生巨大的潜在价值，需要特殊的技术来挖掘其中的价值。大数据技术是指对数据的采集、传输、处理和应用，是一系列使用非传统的工具来对大量的结构化、半结构化和非结构化数据进行处理，从而获得分析和预测结果的数据处理技术（见图2.2.1）。

大数据技术包含大规模并行处理数据库、数据挖掘、分布式文件系统、分布式数据库、云计算平台、互联网和可扩展的存储系统等。

企业大数据的核心价值在于对数据进行收集、存储和分析之后汇总并得出结果。通过对得出的结果进行分析，为企业提高运营效率、增长业务价值、开拓新的业务方向提供参考，为企业发展提供战略支持，提升企业的整体竞争力。

第二章 信息化应用——"IT 时代"的技术应用

数据采集	数据存储	数据集成	数据分析
系统日志采集	分布式系统	清洗与筛选	预测性分析
非结构化数据采集	NoSQL数据库	聚合与修正	可视化分析
其他数据采集	云存储	存储集合	挖掘算法
			语义引擎

图 2.2.1　大数据技术架构

二、云计算技术

云计算是继互联网、计算机后在信息化时代的革新，是一种基于互联网的计算方式，通过这种方式，共享的软硬件资源和信息可以按需求提供给计算机各终端及其他设备。

"云"实质上就是一个网络，是一种提供资源的网络。使用者可以根据自己的需求随时获取"云"上的资源，按使用量完成付费，并且可以看成是无限扩展的。"云"就像自来水厂一样，我们可以随时接水，并且不限量，按照自己家的用水量，付费给自来水厂就可以了[1]。

从广义上说，云计算是与信息技术、软件、互联网相关的一种服务，这种计算资源共享池叫作"云"，云计算把许多计算资源集合起来，通过软件实现自动化管理，只需要很少的人参与，就能快速提供相应资源。

中国网格计算、云计算专家刘鹏给出如下定义："云计算将计算任务分布在大量计算机构成的资源池上，使各种应用系统能够根据需要获取计算力、存储空间和各种软件服务"[2]。

通俗的理解是：云计算的"云"就是存在于互联网服务器集群上的资源，

---

1 罗晓慧：《浅谈云计算的发展》，《电子世界》，2019 年第 8 期：104 页。
2 胡开胜：《基于云计算理念的区域数字图书馆平台建设研究》，图书情报工作网刊，2011 年第 7 期。

它包括硬件资源（服务器、存储器、CPU 等）和软件资源（如应用软件、集成开发环境等）[1]，本地计算机只需通过 Internet 发送请求消息，远端将有数千台计算机为用户提供所需的资源并将结果发送至用户的本地计算机。这样，本地计算机几乎不需要做任何操作，所有的处理都将在云计算提供商提供的计算机集群中完成。

> **知识拓展**
>
> 云计算的特点：与传统的网络应用模式相比，云计算的特点是技术虚拟化、动态可扩展、可按需部署、灵活性高、可靠性高、性价比高、可扩展性强。

1. 云计算的部署模式

（1）私有云（Private Cloud）。私有云可以理解成单纯为某一个特定用户或机构建立的，只能够实现小范围内的资源优化。私有云可在物理上位于组织的现场数据中心，也可由第三方服务提供商托管[1]。

（2）公有云（Public Cloud）。公有云是为大众所建立的，所有入驻公有云平台上的用户都被称为租户，整个平台上同时拥有很多个租户，一个租户离开，它的资源能够立刻释放给其他租户，达到资源的充分利用。

（3）混合云（Hybrid Cloud）。混合云由两个以上的"云"组成，它们各自独立，但用标准的或专有的技术将它们组合起来，这些技术能实现"云"之间的数据和应用程序的平滑流转。由私有云和公有云构成的混合云是目前最流行的，当私有云资源的短暂性需求过大时，可以自动租赁公有云资源来平抑私有云资源的需求峰值[2]。

2. 云计算三大服务模式

目前，云计算的主要服务模式有：IaaS（Infrastructure as a Service），PaaS

1　杨学俊：《云计算——计算机技术发展的新方向》，《科技资讯》，2011 年。
2　SDN：《云计算部署模型和服务模式，云行业入门的第一步》，《科技资讯》，2011 年。

（Platform as a Service），SaaS（Software as a Service）。

（1）云基础设施即服务（IaaS）。消费者使用"基础计算资源"，如处理能力、存储空间、网络组件或中间件。消费者能掌控操作系统、存储空间、已部署的应用程序及网络组件（如防火墙、负载平衡器等），但并不掌控云基础架构，如 Amazon AWS、Rackspa。

（2）云平台即服务（PaaS）。消费者使用主机操作应用程序。消费者掌控运作应用程序的环境（也拥有主机部分掌控权），但并不掌控操作系统、硬件或运作的网络基础架构。在其平台基础上，消费者可以定制开发自己的应用程序并通过其服务器和互联网传递给其他客户平台的通常是应用程序基础架构，如 Google App Engine[1]。

（3）云软件即服务（SaaS）。消费者使用应用程序，但并不掌控操作系统、硬件或运作的网络基础架构。消费者根据需求通过互联网向厂商订购应用软件服务，服务提供商根据客户所定软件的数量、时间的长短等因素收费，并且通过浏览器向客户提供软件[2]。SaaS 是一种服务观念的基础。软件服务供应商以租赁的概念提供客户服务，而非购买。比较常见的模式是提供一组账号密码，如 Microsoft CRM。

三、物联网技术

物联网是新一代信息技术的重要组成部分，概念最早出现于比尔·盖茨于 1995 年所写的《未来之路》一书中。在此书中，比尔·盖茨提及物联网概念，只是当时受限于无线网络、硬件及传感设备的发展，并未引起世人的重视[3]。2005 年 11 月，国际电信联盟（ITU）在信息社会世界峰会发布了《ITU 互联网报告 2005：物联网》，"物联网"的概念在此报告中被正式提出，物物相连的互联网，即物联网通信时代来临。

---

1 张松林：《云计算的核心技术与应用实例》，《电子世界》，2013 年第 5 期。
2 陈晓玲：《浅谈云计算》，《科技信息》，2010 年第 32 期。
3 陈天超：《物联网技术基本架构综述》，《林区教学》，2013 年第 3 期。

我国政府高度重视物联网的研究和发展。2009年8月，时任国务院总理温家宝在无锡视察时发表重要讲话，提出"感知中国"的战略构想，把我国物联网领域的研究和应用开发推向了高潮。2010年3月，物联网被首次写入政府工作报告，正式被列为国家五大新兴战略性产业之一，2010年成为中国的"物联网元年"。

1. 物联网的概念

物联网（Internet of Things，IoT）是在互联网基础上延伸和扩展的网络，核心和基础仍然是互联网，但是其用户端延伸和扩展到了任何时间及任何地点，实现人机物的互联互通。

目前较为公认的物联网定义是：通过无线射频识别（RFID）装置、红外感应器、全球定位系统、激光扫描器等信息传感设备，按约定的协议，通过各种局域网、接入网、互联网将物与物、人与物、人与人连接起来并进行通信，以实现对物品的智能化识别、定位、跟踪、监控和管理的一种信息网络。

名词释义

无线射频识别，即射频识别技术（Radio Frequency Identification，RFID），是自动识别技术的一种，通过无线射频方式进行非接触双向数据通信，利用无线射频方式对电子标签或射频卡进行读写，从而达到识别目标和数据交换的目的，其被认为是21世纪最具发展潜力的信息技术之一。

---

2. 物联网的特征

（1）整体感知。数据采集方式众多，利用传感器、无线射频识别、二维码、实时定位等技术，实现数据采集多点化、多维化、网络化，获取物体的各类信息。

（2）可靠传递。通过各种承载网络，包括公共网络、专用网络等，形成"网中网"的形态，将物体的信息实时准确地相互传递。

（3）智能处理与决策。利用云计算、模糊识别和数据融合等各种智能计算技术，对获取的海量数据和信息进行处理、分析，达到对物体实施智能化的管理控制。

3. 物联网的体系结构

物联网的体系结构可分为感知层、网络层和应用层（见图2.2.2）[1]。

感知层相当于人的神经末梢，网络层相当于人的神经脊髓，应用层相当于人的大脑，三者协调有序地获取物理信息、准确传递信息，并进行智能控制。

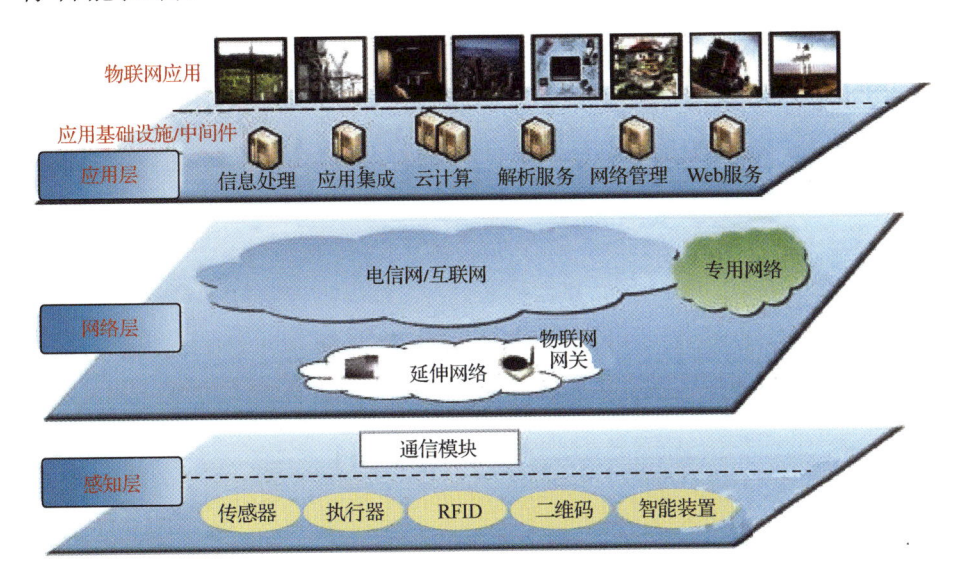

图 2.2.2　物联网体系架构

物联网的应用前景广阔，但是我们也应该认识到，物联网的发展不是一蹴而就的，物联网面临的挑战包括安全和隐私、数据保护、资源控制、信息共享、标准制定、服务开放性和互操作性等。

---

[1] 工信部全国物联网培训与考试中心：《物联网行业发展介绍及前景》，http://www.miitiot.com/。

四、人工智能技术

人工智能（Artificial Intelligence，AI）是研究、开发用于模拟、延伸和扩展人的智能的理论、方法、技术及应用系统的一门新的技术科学，是一门基于计算机科学、生物学、心理学、神经科学、数学和哲学等学科的科学和技术。它是计算机科学的一个分支，是研究使计算机来模拟人的某些思维过程和智能行为的学科。

人工智能是研究人类智能活动的规律，构造具有一定智能的人工系统，研究如何让计算机去完成以往需要人的智力才能胜任的工作，也就是研究如何应用计算机的软硬件来模拟人类某些智能行为的基本理论、方法和技术。

当前，人工智能技术有计算机视觉、语音识别、自然语言处理、机器学习等核心技术。

1. 计算机视觉

计算机视觉是指计算机像人一样，具备从图像中识别出物体、场景和活动的能力。计算机视觉技术运用图像处理等技术将图像分析任务进行分解，建立能够从图像或者多维数据中获取信息的系统。

目前，计算机视觉主要应用在安防、交通、无人驾驶、无人机、金融、医疗等方面。

2. 语音识别

语音识别就是让计算机把人类的语音转变为相应的文本或指令，主要包括特征提取技术、模式匹配准则和模型训练技术。目前发展最成功的人工智能技术就是语音识别技术。语音识别目前主要应用在智能翻译、语音书写、计算机系统声控、电话客服等方面。

3. 自然语言处理

自然语言处理是指计算机拥有的类似人类的文本处理的能力。自然语言处理是计算机科学领域与人工智能领域中的一个重要方向，包括自然语言理解和自然语言生成两部分。因而实现人与机器的自然语言通信也包括两部分，第一是使机器能理解自然语言文本的意义，即自然语言理解；第二是能使机器以自然语言文本来表达准确的意图，即自然语言生成。自然语言处理的理想目标是实现人与机器无差别沟通，使人类可以用自己的自然语言来使用计算机，而不再使用各种操控计算机的特殊语言。

目前，具有一定自然语言处理能力的系统已经出现，如多语种数据库系统、专家系统、信息检索系统等。

4. 机器学习

机器学习指的是计算机系统无须按照固定的程序指令运行，而是像人自主学习一样，依靠数据来提升自身性能的能力。机器学习专门研究计算机怎样模拟人类的学习行为，以获取新的知识或技能，重新组织已有的知识结构使之不断改善自身的性能，它是人工智能的核心。

机器学习的应用范围非常广泛，如在数据挖掘、生物特征识别、搜索引擎、医学诊断、证券市场分析、语音和手写识别、智能游戏和机器人运用等方面均有应用。

总之，人工智能可以应用于图像识别、语音识别、专家系统、智能搜索、智能控制、遗传编程等领域。人工智能从诞生以来，理论和技术日益成熟，应用领域也不断扩大。人工智能不是人的智能，但在某些方面超过人脑的能力。人工智能技术向各产业快速渗透，推动了传统产业变革。可以想象，未来基于人工智能的科技产品越来越多，人们将智慧"存储"在各种机器和系统之中，为人类带来更为便捷的服务。

五、虚拟现实技术

虚拟现实技术（Virtual Reality，VR），顾名思义，就是虚拟与现实相结合，也被称为灵境技术，于20世纪发展起来。虚拟现实技术是集计算机、仿真、电子信息于一体的全新实用技术，基本实现方式是由计算机模拟环境让使用者感觉沉浸在真实的环境中，从而带来真实感的体验[1]（见图 2.2.3）。

图 2.2.3 虚拟现实技术应用场景

虚拟现实技术就是使用计算机利用现实生活中的数据，通过计算机技术产生的电子信号，结合各种输出设备将现实中真实的物体或肉眼看不到的物质，利用立体显示技术、三维模型让人感受到。这些用计算机技术模拟出的类似于现实的世界可以让人们去感受我们平时无法直接看到的东西，形成虚拟现实。

虚拟现实技术其实是多媒体技术最高级别的应用。它是计算机技术、计算机视觉、计算机图形、视觉生理学、心理学、仿真技术、微电子技术、立体显示技术、传感与测量技术、语音识别与合成技术、人机接口技术、网络技术及人体智能技术等多种高新技术集成之结晶。因此，虚拟现实技术具备很多的特点。

1. 虚拟现实技术的主要特点

（1）沉浸性。虚拟现实技术最主要的特点是沉浸性，用户沉浸在虚拟环境中，并感知虚拟世界的刺激，包括触觉、味觉、嗅觉、运动感知等，便会产生思维共鸣，造成心理沉浸，如同进入真实世界。目前，能够通过佩戴装有传感器的手套等相关设备，直接刺激皮肤或者设置震动，使用户在虚拟世

---

1 李良志：《虚拟现实技术及其应用探究》，《中国科技纵横》，2019 年第 3 期。

界中能够体验到触感。要实现触觉、嗅觉和味觉的远程分享与重现还具有很大的技术难度。

（2）交互性。交互性是指使用者对虚拟的环境中的物体的可操控程度和在虚拟环境中得到反应的程度。比如，使用者可以用手"抓住"虚拟环境中的物体，这时手会有握住物体的感觉，但这只是触觉，交互性是指拿起物体后可以感受到物体的重量（而真实的情况是手里并没有实物），被使用者抓起的虚拟物体也会随着手的移动而移动[1]。

（3）多感知性。多感知性表示计算机技术应该拥有很多像听觉、嗅觉、触觉等的感知特性。虚拟现实技术的理想状态应是具备人所具有的一切感知功能。由于各种技术的限制，如传感技术等，目前很多的虚拟现实技术所具有的感知功能相对局限，能够实现的有视觉、触觉、听觉、运动感知等几种，对于嗅觉的感知还在进一步研究中。

（4）构想性。构想性即使用者在虚拟空间中能够与其周围的物体进行互动，从而拓宽使用者的认知范围，创造出现实世界不存在的场景或不可能发生的环境。构想性可以理解为使用者进入虚拟空间后，根据认知能力与个人感觉吸收知识，发散拓展思维，从而创立新的理念和环境。

（5）自主性。自主性是指虚拟环境中的物体可以与现实中的事物一样，当被推动的时候可以根据力的方向移动或翻转等，具备物体的一些物理特性。

2. 虚拟现实的关键技术[2]

（1）动态环境建立模型技术。要想在虚拟环境中建立立体模型，获取实际环境的三维数据，并利用三维数据建立虚拟环境是 VR 系统的基础，所以动态环境建模技术是 VR 系统的核心。

（2）三维图形实时生成技术。为了获得实际环境的三维数据，并根据实际的需要建立相对应的虚拟环境模型，需要动态环境建模技术。环境模型建

---

1 廖斯羽：《虚拟现实技术的特点及应用》，《科技传播》，2018 年第 21 期。
2 汤朋，张晖：《浅谈虚拟现实技术》，《求知导刊》，2018 年第 36 期。

立以后还需要将这些模型生成三维图形，称为三维图形生成技术。为保证实时生成三维图形，应保证图形的刷新频率不低于十五帧每秒、不高于三十帧每秒。

（3）立体显示技术和传感器技术。立体显示技术和传感器技术就是把生成之后的三维图形显示在我们面前，并根据环境提供触觉、味觉、嗅觉等感受。立体显示技术和传感器技术的发展体现了虚拟现实技术的交互能力，立体显示技术已经较为成熟，但传感器现有的设备还不能满足各种需要，对各种传感装置的研究也有待深入。

（4）应用系统开发工具。虚拟现实应用的关键是寻找合适的对象和场合，应用对象的适当选择目的是需要研究虚拟现实的开发工具，提高生产的效率，减轻劳动的强度，提高产品的质量。未来各个行业都离不开虚拟现实技术，如地产家居、教育培训、军工、医疗、应急救援、工业仿真等。由于行业不同、核心内容不同，所以对开发的要求也不同，需要开发多种研究工具。

（5）系统集成技术。虚拟现实系统中需要建立大量的模型，把大量的感知信息有机融合在一起。要真正实现虚拟现实，系统集成技术将起到至关重要的作用。系统集成技术包括相关数据的转换、数据的管理、信息的同步、图像的合成识别等技术。

六、5G 技术

5G 是第五代移动通信技术（5th-Generation），法定名称是 IMT-2020。5G 弥补了 4G 技术的不足，与 4G 相比具有高速率、大带宽、低时延、广连接以及移动速度高等优势，如图 2.2.4 所示，高速率是它的最大特点。

5G 并不是一个单一的无线接入技术，而是对多种无线接入技术的整合，通过整合多种技术来满足不同的需求。

第二章 信息化应用——"IT时代"的技术应用

	速率	延迟	连接数 每km²最大连接数	移动性
4G	100Mbps	10～30ms	10000	350km/h
5G	10Gbps	1ms	1000000	500km/h
差距	100倍↑	30～50倍↓	100倍↑	1.5倍↑

图 2.2.4　4G 与 5G 的比较

1. 移动通信网络的基本架构

移动通信网络的基本架构是终端与基站之间以无线方式接入，基站通过承载网连接到核心网（见图 2.2.5）。

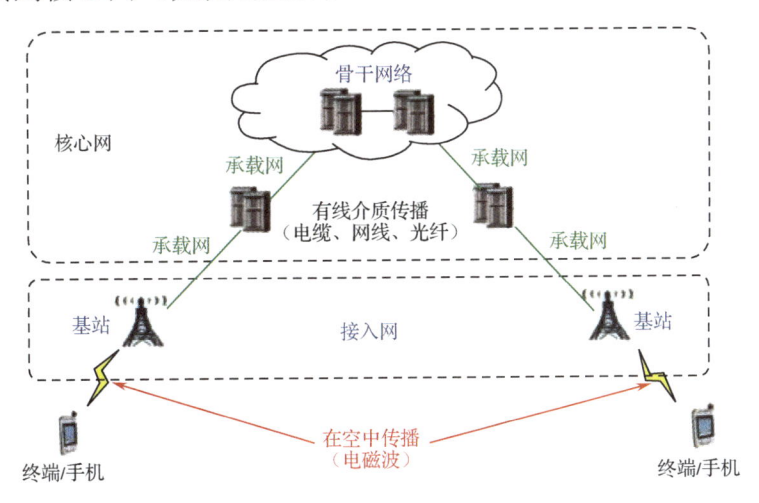

图 2.2.5　移动通信的网络架构

2. 5G 关键技术

（1）毫米波技术。5G 使用超高频段甚至更高的频段，是更短的毫米波，频率越高越趋近于直线传播，信号绕射能力会下降（见表 2.2.1）。

表 2.2.1　频谱

名称	符号	频　率	波段	波　长	主　要　用　途
甚低频	VLF	3～30kHz	超长波	100～1000km	海岸潜艇通信；远距离通信；超远距离导航
低频	LF	30～300kHz	长波	1～10km	越洋通信；中距离通信；地下岩层通信；远距离导航
中频	MF	0.3～3kHz	中波	100m～1km	船用通信；业余无线电通信；移动通信；中距离导航
高频	HF	3～30kHz	短波	10～100m	远距离短波通信；国际定点通信；移动通信
甚高频	VHF	30～300kHz	米波	1～10m	电离层散射；流星余迹通信；人造电离层通信；对空间飞行体通信；移动通信
特高频	UHF	0.3～3GHz	分米波	0.1～1m	小容量微波中继通信；对流层散射通信；中容量微波通信；移动通信
超高频	SHF	3～30GHz	厘米波	1mm～10cm	大容量微波中继通信；移动通信；卫星通信；国际海事卫星通信
极高频	EHF	30～300GHz	毫米波	1～10mm	再入大气层时的通信；波导通信

（2）微基站技术。由于毫米波频率高、信号覆盖范围小，5G 使用大量的小功率微基站以保证覆盖范围（见图 2.2.6）。

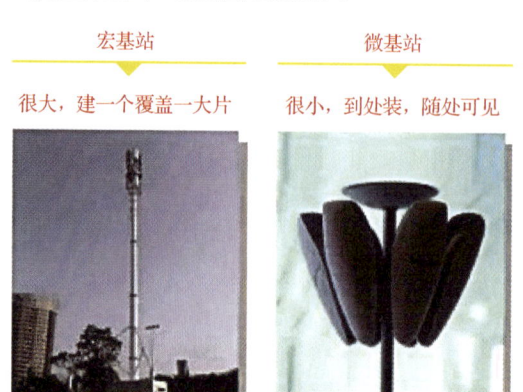

宏基站　　　　　　　微基站

很大，建一个覆盖一大片　　　很小，到处装，随处可见

图 2.2.6　5G 宏基站与微基站

（3）大规模多天线技术（Massive MIMO）。在基站收发信机上使用大数量的天线阵列，可以十倍、百倍提升系统容量。MIMO 是"多入多出"的意思，Massive MIMO 是指基站与手机之间有很多成对的信道并行通信，每一对天线都独立传送一路信息，经汇集后可成倍提高速率。

（4）波束赋形技术。通信使用的电磁波是全向辐射的。把全辐射改成窄波瓣可提高能量的使用效率，这就是波束赋形技术（见图 2.2.7）。

（5）设备到设备（D2D）的通信。5G 网络支持在距离较近的用户终端间建立直接通信的链路，其数据传输无须基站中转，实现终端间各种形式的直接通信（见图 2.2.8）。

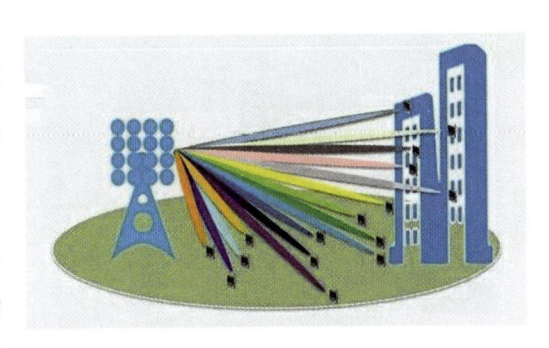

图 2.2.7　5G 大规模天线阵列与波束赋形

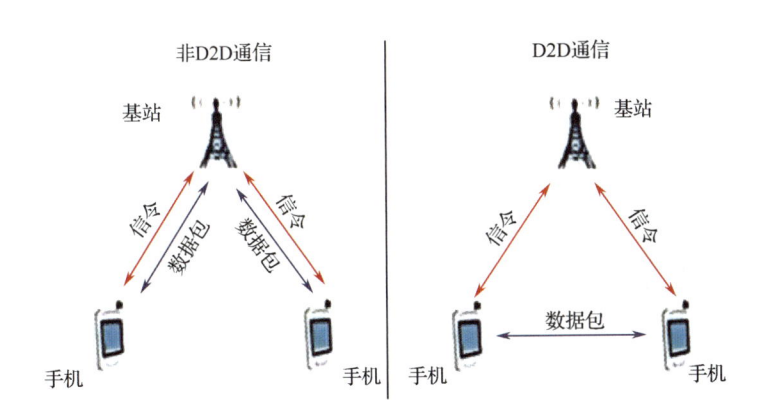

图 2.2.8　非 D2D 通信与 D2D 通信

3. 5G 网络架构

5G 网络是基于 4G 网络基础，不断发展和完善而形成的一种新的网络结构模式。综合未来发展趋势，5G 网络架构主要分为三个模块，即网络部署场景、承载网、核心网（见图 2.2.9）。

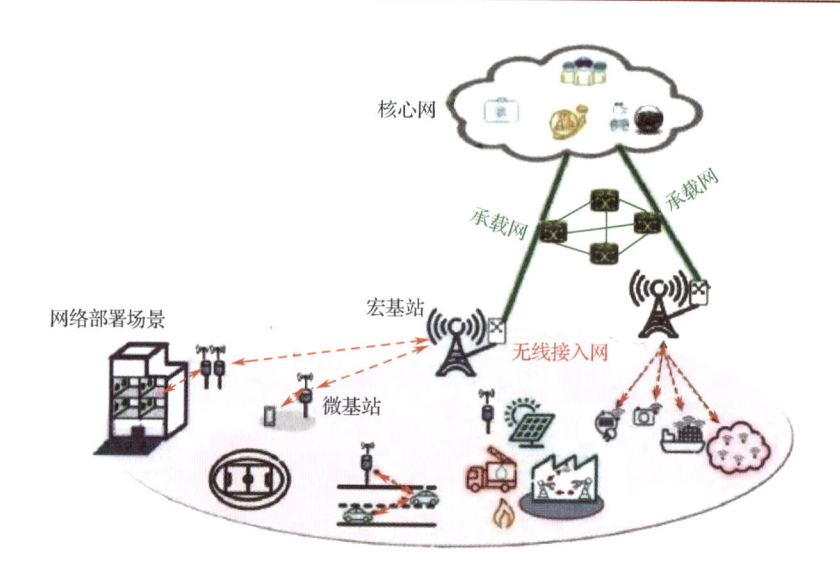

图 2.2.9　5G 移动通信网络架构示意图

4. 5G 应用场景

按照 5G 超高速、超低时延和超大连接的特点,有三大应用场景(见图 2.2.10)。

(1)增强移动宽带 eMBB:在现有移动宽带业务场景基础上的大流量移动宽带业务提升,聚焦对带宽有极高要求的业务,如高清视频,VR/AR 等。

(2)海量机器类通信 mMTC:针对大规模物联网业务,如智慧城市、环境监测、智能农业等。

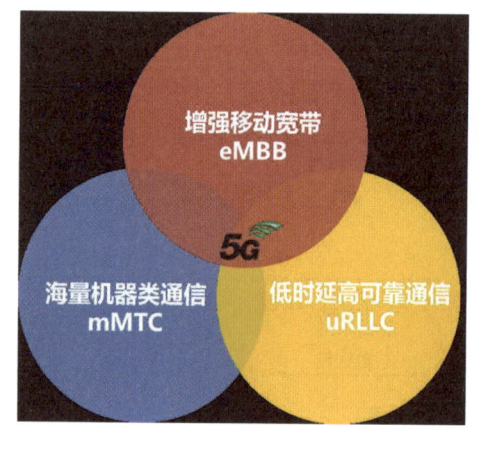

图 2.2.10　5G 的应用场景

(3)低时延高可靠通信 uRLLC:针对对时延有很高需求的业务,如无人驾驶、远程控制等。

七、区块链技术

区块链是比特币金融系统中的核心技术,它的实质是一个分布式账本数据库。为什么要使用分布式账本呢？可以使用一个实例来解释[1]。

比如，每个公司都有会计负责管账。假使管理账目的只有一名会计，那么所有的账目记录由这一人负责，若这名会计出现问题，会产生亏空公款、造假账等风险。这样的管账方式非常不安全，相信每个单位都不会采纳。

为了防止账本掌握在一个人手里，第二种记账办法是多名会计轮流记账。但每天由不同的人负责记账的方式也存在漏洞。如果某名会计在负责记账时，以账目丢失为由挪用了公款，这种情况很难核实，会为账目管理工作带来更大的困难。

所以我们再次改变记账办法：账目仍由多名会计负责，每人独立记账，间隔一段时间就对一下账目，确保账目一致。这样可以保证账目管理的安全，就是所谓的分布式账本。

可这样的分布式账本的缺点是投入的人力太大，于是再改进一下：每天由一名会计记账，其余每名会计都把当天的账目拿过来核对一下，如果没有问题，就直接记录在自己的账目中。这样，账目仍然有很多个备份，如果谁想修改账目，必须同时修改所有人的账目才行。从而有效保障了数据的安全。同时，由于只有一个人记账，其余人的工作量大大降低，所以有效地减少了人力。可是，谁愿意主动去记账呢？于是公司采用抽签的办法，由被抽到的人记录当天的账目，公司付给这名被抽到的会计一定的奖金。有了激励机制，每名会计都愿意成为那个被抽中的人，充分地调动了员工的积极性。

这其实就是区块链分布式账本的含义。它是一种在网络成员之间共享、复制和同步的数据库，记录网络参与者之间的交易数据。在区块链系统中，没有中心服务器。它基于 P2P 的网络结构（见图 2.2.11），任何一个节点的故障都不会影响其他节点。

---

1 蒋勇、文延、嘉文：《白话区块链（区块链技术丛书）》，机械工业出版社，2017年10月。

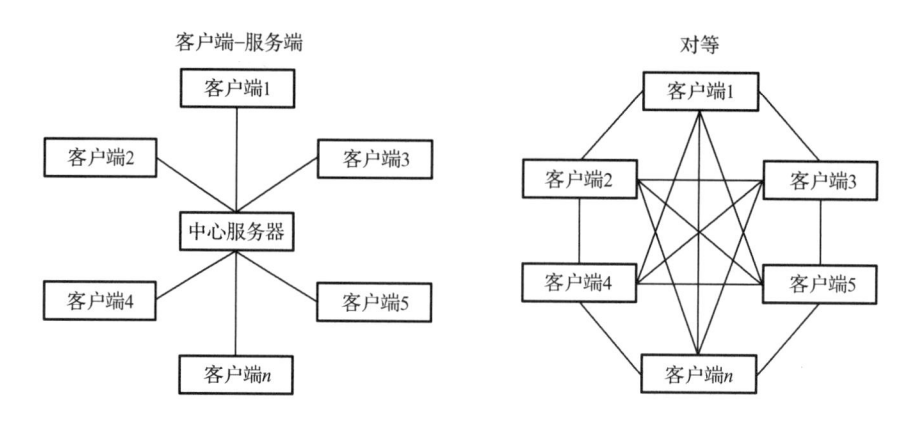

图 2.2.11　区块链中 P2P 的网络结构

区块链系统可以存储巨型数据。每个新增的数据都称为一个区块。每增加一个区块，数据库就多了一页内容，这一页中可能会包含一条或多条记录信息（见图2.2.12）。

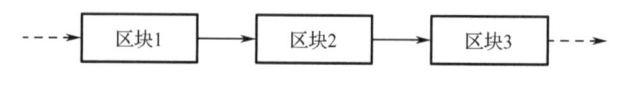

图 2.2.12　区块链的存储

为了保证数据有序，每个新加入的区块都会被盖上一个时间戳，一个数据库中的所有数据都可以按照时间戳的顺序顺次连接。同时，分布式数据库采用密码算法将每个区块的数据进行加密，并识别信息发布者，从而保障数据安全。最后，分布式数据库的每个节点平等、自由地进行数据交换，每个终端都可以参与到数据管理和维护中来，实现透明、公开、平等的"全民参与"。

区块链系统具有极高的安全性。对每个连接进来的数据区块而言，其指针是采用密码学哈希算法对区块头进行处理所产生的区块头哈希值。每一个数据块中记录了一组采用哈希算法组成的树状交易状态信息，这样保证了每个区块内的交易数据不可篡改，区块链里连接的区块也不可篡改。

第三节　信息技术在各行业领域中的应用

信息技术被高度应用，已经成为全球经济社会发展的显著特征，并逐步向一场全方位的社会变革演进。进入 21 世纪,信息化对经济社会发展的影响更加深刻。信息化生产力是人类迄今最先进的生产力,实现信息化可以降低成本,节约时间和资源,极大地提升生产效率、管理效率。信息化已经深入人类社会发展的各个行业和领域之中。

一、农业信息化

农业信息化是指在农业领域全面地发展和应用现代信息技术,使之在农业生产、消费以及农村社会、经济、技术等各个环节全部融入的过程,是利用现代高新技术改造传统农业的重要途径。

1. 农业信息化的特征

农业所应用的信息技术包括物联网、大数据、云计算、移动互联 3S 技术(即地理信息系统 GIS、全球定位系统 GPS、遥感技术 RS)等,概括而言具有以下特征[1]。

(1)网络化。借助现代计算机通信网络,使农业生产者可以及时、准确、完整地获取市场信息,有效减少农业经营风险。

(2)综合化。综合应用多项信息技术,使农产品的生产过程得到优化、生产方式大大改进,农业现代化经营水平不断提高。

(3)全程化。信息技术渗透到农业生产和经营的全过程,农业的竞争力得到了极大提高。

2. 我国农业信息化发展现状

2016 年,国务院印发"十三五"国家信息化规划,对全面推进农业农村信息化作出总体部署,农业农村部正式发布了《"十三五"全国农业农村信息化发展规划》,为"十三五"农业农村信息化发展指明了方向,明确了目标和

---

[1] 搜狐:《说了好几年的"农业信息化"到底是什么?》,2019 年 2 月 18 日。

任务。

如今，在农业生产基础较好的农垦系统及各地大型农场，基于环境感知、实时监测、自动控制的智慧农业环境监测系统正在普及。在农产品的规模生产区域，农业物联网测控体系、大田四情监测、农机定位耕种等精细化作业已经成为现实。

我国的农业信息化已经具备了良好的发展势头，但仍面临着一些挑战和问题。当前，按照中央的战略部署，各级农业部门正在积极推动，鼓励和引导更多的产业、社会机构、优秀人才形成合力，加入农业信息化建设，驱动和引领中国农业实现现代化之路上的新跨越。

3. 案例：顶层设计、整省推进，江西省构建"123+N"智慧农业总框架

江西省大力实施"互联网+现代农业"行动，运用 PPP 模式整省推进智慧农业，使其智慧农业建设走在了全国前列，加快了乡村振兴步伐，推动全省从传统农业大省向现代农业大省转变。

名词释义

PPP（Public-Private Partnership），又称 PPP 模式，即政府和社会资本合作，是公共基础设施中的一种项目运作模式。在该模式下，鼓励私营企业、民营资本与政府进行合作，参与公共基础设施的建设。

江西省发展智慧农业，重点打造"123+N"框架，即建设一个云、两个中心、三个平台、N个系统。

（1）一个云：农业数据云。

江西省农业数据云包括云平台和数据中心两大基础性平台建设。云平台将提供集中统一的计算资源，支撑各类农业信息系统。农业数据中心用于汇集各地、各部门统计的农业基础数据、图片及影像资料等数据资源，将实现大数据分析预判、信息互联互通共享。

（2）两个中心：农业指挥调度中心、12316 资讯服务中心。

农业指挥调度中心实现了重大动植物疫病疫情实时监测、重大自然灾害应急处理等功能。12316 资讯服务中心是江西省重点打造的农业信息综合服务平台（见图 2.3.1），主要提供信息咨询及专家远程视频诊断等服务。

图 2.3.1　12316 资讯服务中心示意图

（3）三个平台：农业物联网平台、农产品质量安全追溯平台、农产品电子商务平台。

农业物联网云平台为全省智慧农业项目提供数据采集、数据分析、精准控制、决策指导等服务（见图 2.3.2）。全省各地农业物联网采集的数据都会接入云平台（有光纤和 GPRS 两种接入方式），由云平台分析、处理后统一发布操作指令，实现精准化生产和远程操控。

> **名词释义**
>
> GPRS（General Packet Radio Service），中文名称为通用无线分组业务，是一种分组交换技术，具有"实时在线""按量计费""快捷登录""高速传输""自如切换"的优点，是一项高速数据处理的技术，方法是以"分组"的形式将资料传送到用户手上。

图 2.3.2　江西省农业物联网云平台

农产品质量安全追溯平台为全省统一的农产品质量安全监管追溯平台。该平台利用无线射频识别（RFID）、二维码等技术，建立全省统一的发布查询系统，可完成"溯源三部曲"（见图 2.3.3）。

图 2.3.3　"溯源三部曲"示意图

农产品电子商务平台汇集了全省的"名特优新"农产品，"一站式"呈现、"一站式"采购。该平台融合了 O2O、众筹、私人定制等新型流通业态，实现"农产品进城、生资下乡"的目标（见图 2.3.4）。

第二章 信息化应用——"IT 时代"的技术应用

图 2.3.4　江西省农产品电子商务平台示意图

名词释义

O2O 即 Online To Offline，是指将线下的商务机会与互联网结合，让互联网成为线下交易的前台。O2O 的概念非常广泛，只要产业链既涉及线上，又涉及线下，均可通称为 O2O。

（4）N 个系统：渔政指挥调度系统、测土配方施肥管理系统等 20 个子系统，整省推进信息进村入户工程。

江西省"互联网+"发展大势已聚，创造了一个个经典案例，为加快全省农业供给侧结构性改革、新旧动能转换和全面实现乡村振兴探明了方向、贡献了力量。

4. 案例：阿里云正式发布 ET 农业大脑，人工智能养猪时代来临

"公里数将成为判断猪肉品质的新标准。未来，我们想要的不是一头 200 斤的猪，而是一头跑了 200 公里的健康猪。"2018 年 6 月，阿里云总裁胡晓明在云栖大会—上海峰会上正式宣布推出阿里云 ET 农业大脑，希望将人工

智能与农业深入结合[1]。

目前，阿里云 ET 农业大脑已具备全生命周期管理、全链路溯源等功能。将人工智能、物联网与现代农业深度结合，智能养猪场的每一头猪从出生之日起就拥有全套数据档案，实现智能饲养和管理。

阿里云 ET 农业大脑融合声学特征和红外线测温技术，可通过猪的声音、体温等数据判断其是否患病，预警疫情。ET 农业大脑"加持"的摄像头实时采集每头猪的运动距离、时间和频率，运动量不达标的猪会被饲养员加强训练，这就是"200 公里猪"的由来。

ET 农业大脑还在种植业中开展创新，建立起一整套知识库，指导果农科学耕作，提供最优决策，智能选择最适宜的水土环境。

ET 农业大脑通过农业资料数据化、建立农产品全生命周期管理和监测、打造智慧农事系统、打造全链路的溯源系统四个层面，将新技术和互联网的能力附载至农村和农业，加速农业现代化进程。

5. 案例：德州智慧农业大棚开启农业发展新时代

德州智慧农业产业园位于山东省德州市临邑县，智能温室建设总面积为 73800 平方米，温室顶部和四周均采用了漫散射玻璃，使阳光均匀地洒在每一棵植株上（见图 2.3.5）。

图 2.3.5　德州智慧农业产业园的智能温室

该农业产业园运用工业化思维，引进世界前沿设计理念和先进技术，建设智慧农业大棚，开启了德州现代农业发展的新时代[2]。

其智能温室利用物联网技术，使所有

1　搜狐：《阿里云 ET 农业大脑正式推出》，2018 年 6 月 8 日。
2　第一农经：《德州智慧农业大棚：开启农业发展新时代》，2017 年 12 月。

第二章　信息化应用——"IT 时代"的技术应用

的软硬件设施都围绕植株的生长需求而设计，像是一个精细化生产工厂，采用全自动化设施，像使用工业流水线一样生产番茄。智能温室内设置了多个传感器，负责实时监测温室内的各种数据，并传输到控制室的计算机系统中，为作物调控最适宜的生长环境（见图 2.3.6）。

种植的作物采用无土吊挂式栽培方式，通过水肥一体化供给营养，养分及水分可直达作物根部，智慧农业系统根据作物的需要进行精准的灌溉施肥（见图 2.3.7）。

图 2.3.6　物联网智能终端　　　　图 2.3.7　无土吊挂式栽培方式

智慧农业大棚颠覆了传统农业的种植模式，用工业化、智能化、信息化的手段来做农业，效益是传统农业大棚的几倍甚至几十倍。

6. 案例：美国利用大数据打造精准农业

农业现代化已成为当今世界农业发展的大趋势，日本、英国、加拿大、美国等多个发达国家和地区的政府和组织相继推行发展措施。

美国农业科技发达，凭借高度机械化的农业生产、领衔世界的农业生物技术、信息化"精确农业"三大优势，提高了美国农业的生产效率和农产品的国际竞争力。

美国农场主最好的工作帮手是农场里的农业机械。例如，一台庞大的喷药机完全张开"臂膀"，翼展达 36 米，这些农业机械的驾驶室里配备了全球卫星导航系统和自动驾驶系统[1]，机器会按照设定的路线工作，施肥、打药完全自动化。

美国农业生产模式正在从机械化向信息化转变，以精准为特征的农业让种植变得更加容易。大数据让农民开始用移动设备管理农场，农场主利用平板计算机即可获得农场范围内的实时天气信息和未来几天的天气数据，这些实时信息可以帮助农场主正确判断每个地块适宜播种、收获、耕作的时间。

精准农业下的农业机械必须是智能化的，设备安装有卫星导航系统、自动驾驶系统、计算机设备及必要的传感器，智能化的农业机械也大大提高了作业质量，可以极大地节约化肥、水、农药等投入，把各种原料的使用量控制在非常准确的程度上，让农业经营像工业流程一样进行，从而实现规模化经营。

7. 案例：以色列农业传奇——让沙漠开满鲜花

地中海东岸的以色列，沙漠占了国土总面积的45%，在这块贫瘠缺水的土地上，以色列人通过四大技术实现"让沙漠开满鲜花"的梦想[2]。

（1）温室技术。从20世纪80年代开始至今，以色列的温室技术已经更新了3代，如今的温室结构非常坚固，能够抵御强风的袭击，计算机自动控制水、肥，自动调温、调湿、调气、调光，包括控制窗帘和天窗，以及对阳光的自动反射系统（见图2.3.8）。

（2）滴灌技术。目前，以色列90%以上的农田、100%的果园、绿化区和蔬菜种植均采用滴灌技术进行灌溉，水资源的利用率达到了95%以上。通过测土配方施肥满足作物的生长，减少肥料的流失量。滴灌对控制病虫害也很有利。

---

1 马云华：《智慧农业：全球十大农业大数据经典案例》，农业行业观察，2019年8月8日。
2 搜狐：《以色列农业传奇：让沙漠开满鲜花，太牛了！》，2017年6月4日。

图 2.3.8　以色列温室大棚

（3）养殖技术。以色列在养殖方面领先于世界上许多国家，其最大特色就是应用计算机管理奶牛业的模式，通过全国奶牛计算机管理系统，所有的奶牛场都实行计算机联网，统一管控。

以色列奶牛场的生产设施比较完善，采用装有自动取草料装置的饲喂搅拌车喂牛。很多养牛场都安装了由计算机控制的自动化粪便处理系统，使分离出来的水得到净化，在供牛场内循环使用。

（4）培育优良品种。以色列十分注重对作物新品种的开发研制，其农业研究所集中了大批遗传学家、工程学家，利用生物遗传基因等手段，不断培育出品质优良的种子和种苗，这些种子抗病抗虫，从而提高作物的产量和质量，延长存放期，还可以减少对化肥和杀虫剂的需求。

总之，以色列农业分工精细，对各个领域研究得非常透彻，并且相互支持，高科技技术对农业的介入非常深入，处于世界领先水平，正是这些因素帮助以色列实现了农业腾飞。

二、工业信息化

工业通常指加工制造产业，是国民经济中最重要的物质生产部门之一。工业中的信息化是指在工业的生产、管理、经营过程中，通过信息基础设施，在集成平台上实现信息的采集、传输、处理及综合应用。伴随新一代信息技术的不断应用,制造产业正在发生着深刻的变革。

1. 国际新一代制造理念

为早日实现制造过程智能化,世界各国纷纷提出了新一代制造理念,如德国的"工业4.0"、美国的"工业互联网"和中国的制造强国战略。

2. 智能制造的概念

(1)智能制造是什么。工业和信息化部把智能制造定义为"基于新一代信息技术,贯穿设计、生产、管理、服务等制造活动各个环节,具有信息深度自感知、智慧优化自决策、精准控制自执行等功能的先进制造过程、系统与模式的总称"。

(2)智能制造的两大体系。技术支持体系和标准体系是智能制造的两大体系。在技术支持体系中,工业互联网、大数据、云计算、移动应用是基础,智能装备、智能生产、信息安全、智能服务、自动化知识是支撑技术,数字孪生与人工智能是未来的两大技术引擎(见图2.3.9)。

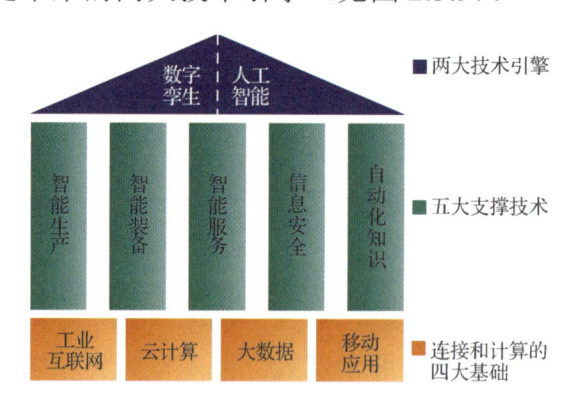

图 2.3.9 智能制造的两大技术体系

构建智能工厂标准体系三维模型,包括管理维度、业务维度和技术维度。其中,管理维度以采用国家标准和自建为主;业务维度与行业连接紧密,主要是自建;技术维度主要是采用国家标准(见图2.3.10)。

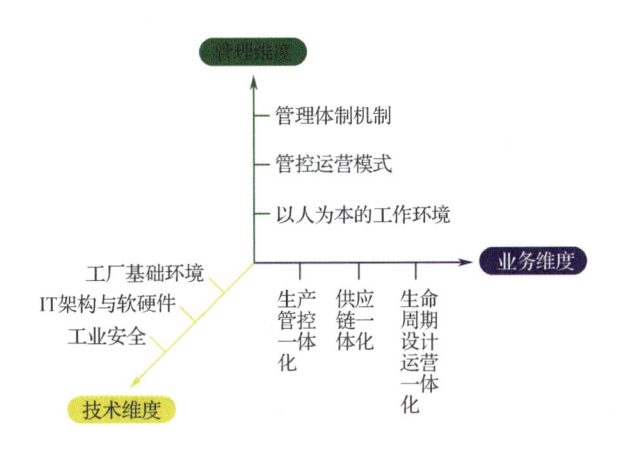

第二章 信息化应用——"IT时代"的技术应用

图 2.3.10 智能制造的标准体系

（3）智能制造的"三不要"原则[1]：不要在过时的工艺基础上建立自动化；不要在过时的管理基础上建立信息化；不要在没有网络化数字化的基础上建立智能化。

在企业智能化升级转型的过程中，要认识到以下几点：其一，企业智能化升级的目的是提升产品竞争力与质量；其二，智能工厂无法一蹴而就，需要企业长期的努力和变革；其三，建设智能工厂不是进行简单的自动化改造，而是运营模式的变化；其四，多品种、小批量企业不要盲目推进"无人化工厂"；其五，信息化是智能化的基础与核心。

3. 案例：华为数字化转型之路

对于华为而言，数字化转型并不只是使用数字技术，而是一次企业的战略转变。为了实现这一转变，华为主要进行了五个方面的改革。

第一，以信息化手段为支撑，面向用户构建"一站式"体验，追求客户/用户满意度。华为把用户归纳为五类，分别是员工、合作伙伴、供应商、2B客户、2C客户。

华为打造"一站式"的作业平台，通过在线协同、"一站式"信息获取，构建五类用户之间的连接，以及与业务、知识的连接（见图 2.3.11）。

---

[1] 刘强：《智能制造"三要三不要"》，搜狐，2017年5月14日。

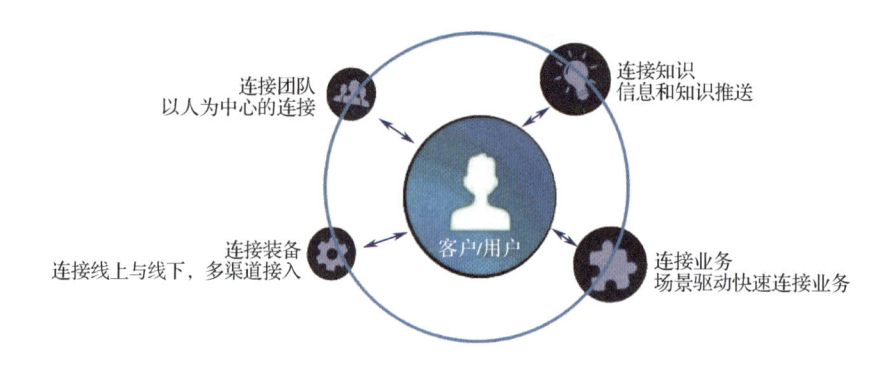

图 2.3.11　华为的"五类用户"服务

华为内部已经不再使用第三方通信软件平台，在公司整体系统的一个子系统上即可以实现社区内所有人的任何方式的连接，如开会、邮件、浏览专家的微博等，都有统一的服务平台。

第二，基于场景进行服务编排，实现全球"等距服务"，灵活快速地支持业务作战。华为总共梳理了226种场景，每一种场景都实现了服务化、标准化。

第三，构建数字化转型的"共同平台"，打造支撑业务增长的"黑土地"。构建企业服务化的平台，支持面向业务的快速响应；打造面向市场创新、面向客户交易、面向问题解决的三大业务流服务，构建平台应用服务。

第四，构建"多云管理"平台，协同多云服务，快速引入外部先进能力；将传统 Silo 系统连接起来，消除信息孤岛；IT/OT/IOT 融合，消除数字断层；实现企业"内部互通、内外互通、多云互通"。

第五，重新优化业务运营模式，实现实时业务感知和运营指挥。IT 组织相应构建了业务使能、平台服务提供、实时运营指挥等面向业务数字化转型的"IT 铁三角"。

4. 案例：长虹"5G+工业互联网"生产线投产

长虹的"5G+工业互联网"智能电视大规模定制生产线，广泛应用工业机器人、机器视觉、边缘计算等 5G 与工业互联网技术，全面集成生产信息化、智能设备、原材料物流传输等系统，提升了多批次、小批量订单的制造能力，最终实现个性化定制与大规模生产的兼容运行。生产线投产后，效率提升60%以上，意味着可满足制造强国战略中的彩电大规模定制与快速交付的要求。如图2.3.12所示为长虹"5G+工业互联网"生产线。

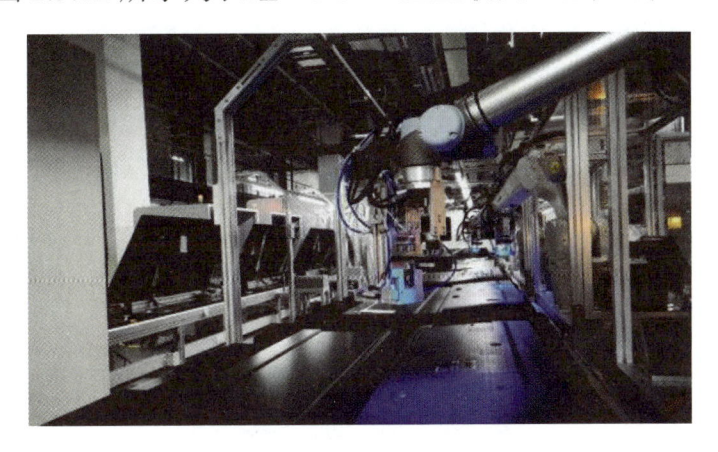

图 2.3.12　长虹"5G+工业互联网"生产线

5．案例：宝武钢铁智能制造应用

针对智能制造，宝武钢铁集团董事长陈德荣提出了"操作室一律集中、操作岗位一律用机器人、运维一律远程、服务一律上线"这四个"一律"的要求。2019年1月2日，宝武钢铁集团在韶钢召开了主题为"智汇智造智享"的推进会，集团下属所有钢铁厂的董事长和总经理参加了会议。2019年7月22日，宝武钢铁集团在宝钢股份宝山基地又一次召开了智能制造推进会，展现了一大批智能制造成果。如宝钢股份冷轧厂黑灯工厂、宝武智维设备远程运维中心、运输部钢水铁水5G无人运输等。宝武钢铁集团智能制造应用经验技术如下。

（1）智能制造要有一定的智能化设备。

宝武钢铁集团的智能化设备，如中间包区机器人，负责中间包加覆盖剂，改造前中间包加覆盖剂由操作工将袋装覆盖剂逐袋扔至中间包内，改造后中间包加覆盖剂由布置在21m平台上的覆盖剂料仓溜至铲子中，由机器人自动加入中间包内。另外，还有连铸加保护渣机器人、自动加渣机器人等。

（2）智能运维在钢铁生产设备上的应用。

设备智能运维实际上是基于设备状态变化趋势的智能监测，也就是通过对当前设备的运行数据监控、异常数据报警及故障准确定位,实现对设备未来状态的故障预警、状态预知和寿命预测。智能运维核心是"一个平台""一个专家系统""一个标准化体系"。通过这"三个一"的实现,企业能够大幅提升人事效率、管理效率,并缩短停机时间、降低备件库存及维修负荷。

设备远程运维平台包括感知层、云端的存储分析层和应用层,是实现智能运维的工具(见图 2.3.13)。目前,宝武钢铁集团已经基于平台做了 20 多套解决方案,包括生产线上的区域级解决方案和各类设备的专业化解决方案等。

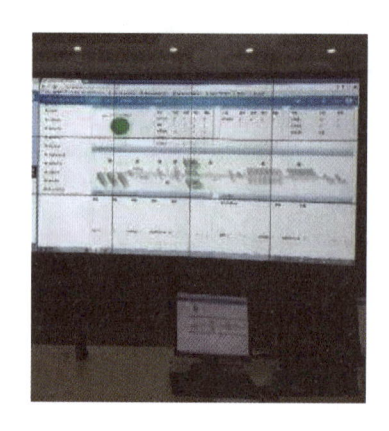

图 2.3.13　宝武钢铁集团设备远程运维平台现场图

在专家系统方面,宝武钢铁集团的技术专家系统是通过数字化、规则化、模块化进行工作的。平台上的智能专家负责提供"傻瓜式"解决方案,智能模型具备自学习和自适应的功能,另有知识库记录所有的检修和状态履历。除此之外,集团还要求行业专家基于平台展开工作,让所有资源都融入平台,实现协同发展。

标准化体系使服务可以摆脱地域、时间、经验等因素限制。同样的对象,标准和要求都一样,使任何人做一件事的结果都是一样的,这样可以实现快速复制。

(3)建立"开放、智慧、知识、共享"的数字化平台。

宝武钢铁集团通过建立"开放、智慧、知识、共享"的设备状态检测共享平台,实现多行业、多生产线、多设备的信息接入,收集足够的样本,形成设备状态大数据,丰富平台的内涵,使对设备状态的把握、预测、预知更准确。

随着各类技术的持续发展,宝武钢铁集团未来的设备智能运维需要在智能传感、人工智能、大数据分析、5G通信等方面进行不断探索,通过各种技术的深度融合,找到成本更低、更有效率的数据采集方式,实现更加便捷、稳定的数据传输和交互,构建远程智能共享的设备运维新模式。

三、交通信息化

网约车、共享单车、无人驾驶出租车……这些全新的交通运营方式相继出现在我们的生活中,信息技术的魔力逐渐渗透到交通领域,为我们的出行带来了更多的便捷。

随着经济的快速发展,生活节奏不断加快,如今中国已经成为汽车轮子上的国度。随之而来的交通拥堵、环境污染等一系列交通运输问题越来越多,迫切需要注入互联网技术来提升交通运输的效率。互联网和交通的结合、与物流的结合可以改善交通管理,重塑交通运输生态圈,打造智慧交通。

2015年4月27日,交通运输部总工程师周伟在第十四届亚太智能交通论坛开幕式上发言,他认为互联网思维、互联网技术和传统交通运输业相融合,产生了一系列可喜的成果。互联网思维推动了以服务为核心的交通管理方式的创新和业务流程的再造。国家"互联网+"行动计划编制组的成员之一是交通运输部,其主要参与大数据、云计算等相关技术的重要政策意见的制定工作。"互联网+交通"的具体体现和载体为智能交通。近年来,中国的智能交通发展迅速,为国内规模庞大的交通基础设施有效运行提供了有力保障,为公众的便捷出行和物流的畅通运输提供了高效服务。

智能交通系统(Intelligent Transportation System,ITS)代表了未来交通系统的发展方向。ITS将先进的信息技术、数据通信传输技术、电子传感技术、控制技术及计算机技术等有效集成,运用于整个交通系统,是一种在大范围内、全方位发挥作用的实时、准确、高效的综合交通运输管理系统。

其实，智能交通系统早已融入我们的生活。比如，铁道部推出的 12306 网络订票系统，让用户可以通过手机、计算机等终端在任何地点方便地购买火车票；民航系统做得更加完善，不仅可以通过手机 App 购票值机，还能够查询航班情况；公路系统不甘落后，逐渐普及的全自动电子收费系统（ETC）有效解决了高速公路收费繁忙的问题，全国联网，快速通过，大大提升了用户体验；还有我们日常生活中越来越不可缺少的共享单车、打车软件、导航软件等，都极大地提高了交通的便利性，让信息技术和交通碰撞融合，形成了"线上资源合理分配、线下交通优质运行"的有效格局。

1. 案例：福州市智能交通大数据管理系统

如今，城市道路系统中到处可见摄像头、电子卡口等设备，这些设备每天记录海量的道路交通数据，一方面可以维护交通秩序，另一方面也为道路状态分析提供了数据源。利用大数据等信息技术，通过分析处理这些数据，可以大大提高道路的使用效率，减少拥堵和能耗损失。再结合物联网、人工智能等技术，将人、车、路都连接到网络中，方便控制，智能决策，使道路出行环境变得智能化、人性化、细致化，更好地为民众和管理者服务。

福州市交管部门十分重视大数据的应用，其大数据交通治理水平排全国第二位。福州大数据交通治理通过收集、分析、挖掘交通数据来改善拥堵状况，提高通行效率。通过大数据管理系统的应用，实现向政府职能部门发布更为精确、合理、全面的交通评价信息。一是实时评价福州市区路网整体通行状态，以及缓堵行动软硬件改善前后的工作成效；二是实时向交通管理部门发布交通状态预警信息，科学指导优化交通勤务、应急排堵保畅、交通组织调整、通行管制、信号灯配时等工作；三是精确研判市区交通堵点，为规划、建设、交通、交警等部门制定缓堵工作措施提供科学依据。

福州市智能交通大数据管理系统的主要功能如下。

（1）通过路况数据分析，向市民发送短信提示拥堵路段，建议绕行，以此缓解交通拥堵。大数据管理系统利用车联网和 GPS 定位技术等采集路况信息，自动判断道路的拥堵状态，然后检索数据库，查询 70 余万辆机动车车主的电话号码和手机定位，筛选出拥堵路段附近的机动车，向其车主发送短信提示绕行拥堵路段，实现点对点的精确交通诱导。

（2）在核心交通节点设置交通诱导屏，实时发布前方路网状态。大数据管理系统的交通诱导子系统将路网交通状态实时发布到设置在市区交通节点的28面交通诱导屏上，引导机动车提前选择畅通的道路通行。

（3）开发"福州交警"App和"福州交警微发布"，让市民使用手机就能随时查看道路状态。移动应用程序向交通参与者提供道路交通状态和指引信息，减少盲目交通出行对路网造成的压力，改善交通流量在整个路网中的负载平衡。同时，大数据管理系统将交通状态信息实时共享给市区内的各交通媒体工作站，及时向市民发布。

大数据管理系统在福州市交通领域的应用实践推进了福州市交警的警务信息化建设，不但提高了工作效率，提升了道路监管能力，有效配置了交通资源，还优化了警力配置。利用信息技术实现科学预警，更好地为社会民众服务，发挥便民利民价值。

2. 案例：荣威互联网汽车

上汽集团与阿里巴巴联合，于2016年7月推出搭载YunOS操作系统的荣威RX5互联网汽车（见图2.3.14）。该汽车本身载有操作系统，用户需要通过独立的ID账户登录使用。一旦身份认证成功，可以使用语音控制车辆、智能获取自适应地图、进行双盲定位等。此外，操作系统集成了地图、音乐、金融、通信等服务，方便用户使用。

图2.3.14 荣威RX5互联网汽车

这款互联网汽车和手机一样，本身就是一个终端，它并不需要与任何手机相连。通过其搭载的 YunOS 操作系统，其已经成为一个互联网的入口，直接接入互联网。另外，与我们的手机一样，荣威 RX5 也有一个屏幕，汽车上安装的所有 App 都可以在屏幕上显示出来并进行调用。如果将荣威 RX5 想象成一棵树，那么普通汽车只是单一的树木本身，需要装点手机、平板计算机等外设才能变成一棵功能齐全的"圣诞树"；而荣威 RX5 生来就是一棵"智能圣诞树"，它的根是操作系统，树干是账号，车上集成的 App 是树的果实，无须任何外部干预，就可以实现各种功能。

荣威 RX5 的一大优势是双盲定位，也就是在没有 GPS 和网络信号的环境下，如隧道、地下车库等，也能进行导航，这归功于 YunOS 操作系统和车载传感器交互通信而实现的定位算法。对荣威 RX5 来说，地图不再是一个简单的应用，而是它的桌面。这张桌面的大小具有自适应缩放的功能。当用户车速较快时，系统认为用户对宽阔的空间驰骋或路况较熟，所以地图缩放比例大，呈概览界面；当用户车速较低时，系统认为用户对路况不熟悉，地图的缩放比例就会变小，详尽地展示道路周边情况。

行程规划功能也是荣威 RX5 的一大特色。结合物联网技术，对荣威 RX5 而言，每条道路都包含着各种各样的信息，它可以有效分析这些道路数据，实现一次设置多个目的地并依次智能开启。比如，我们要先去一个公司谈业务，然后去餐厅吃饭，最后回宾馆休息。那么设置完多个目的地后，每当我们到达一个目的地，系统就会自动切换至下个目的地进行导航，方便快捷。

车主和荣威 RX5 之间可以采用语音交互的方式进行互动，汽车可以根据用户的口头指令执行相应的操作。其最大的优点是这套语音交互算法存在于云端，可以利用云计算和数据分析技术实现自我学习、自我优化。随着使用过程的积累，它可以逐渐熟悉用户的发音习惯，甚至听懂方言，形成个性化的服务性能，提高用户体验。

荣威 RX5 的娱乐功能也很齐全。除了能够使用音乐软件等，还在车身上装载了相机，实现在行车过程中从不同角度拍摄照片，并且结合地图技术对照片进行标注，方便用户在网络上记录和共享自己的行车过程。

第二章 信息化应用——"IT 时代"的技术应用

3. 案例：斯德哥尔摩智能交通管理系统

瑞典的首都斯德哥尔摩人口超 97 万（2019 年数据），是瑞典的第一大城市（见图 2.3.15）。整个城市由共 14 个城镇大小的岛屿组成，这些岛屿通过 70 余座桥梁相连，共同构成了一座美丽的海上城市。但在 20 世纪 90 年代，这座城市每天的车流量巨大，道路严重超负荷，交通拥堵、环境污染等问题日益严重。瑞典政府和斯德哥摩尔市政厅长期寻找能够缓解交通压力、降低空气污染的方法。

图 2.3.15 斯德哥尔摩风光

后来，斯德哥尔摩市政厅采用了 IBM 公司提出的智能交通系统解决方案，建立了覆盖全市的智慧交通系统，有效地解决了城市交通问题，提高了道路交通吞吐量。该系统主要包含征收各种道路使用费的收费系统，用来采集道路交通数据的信息采集与整合系统，对数据进行分析处理的综合交通信息管理中心，用于实时推送交通信息的发布系统，根据路况进行导航的路线规划系统，根据环境指标和天气情况控制交通流量的智能控制系统，为了安全绿色驾驶而配置的智慧速度适应系统，专门用于管理隧道交通的隧道安全系统以及智能事故处理系统、智能公交系统、智能卡管理系统等。各子系统相互通信、共同配合，使斯德哥尔摩的交通管理日趋高效化、智能化、环保化。

征收道路使用费的收费系统是斯德哥尔摩整个智慧交通系统的核心。2006 年年初，瑞典政府为了鼓励人们减少自驾出行颁布了一项政策，就是在不同的时间段内，向使用道路的车辆收取不同的"交通拥堵税"。"交通拥堵税"分为

20 克朗、15 克朗和 10 克朗三档。其中，上午七点半到八点半的时段和下午四点到五点半的时段为拥堵高峰期，收取最高档的 20 克朗，折合人民币约 16 元。每辆车缴纳拥堵税的日最高上限是 60 克朗，约人民币 48 元。这项政策让很多人更愿意选择公共交通工具出行，从而降低了交通流量和汽车尾气排放。

收费的方法是在市区的各个主要出入口设置收费站，但不需要车辆停下来办理缴费手续，而是综合应用图像识别、激光扫描、RFID、自动拍照等技术，结合高效的自由车流路边系统，自动连贯地识别车辆并进行检测和收费。每位车主只需要在自己的汽车上安装一个应答器标签，当车辆在收费时段通过收费站时，应答器会与收费站的收发器进行通信，从而自动生成费用。车主可以到当地的银行、便利站或使用网络进行缴费。为了防止某车辆没有安装应答器，所有通过收费站的车辆都会被摄像，对应的图像识别系统就会发挥作用，一旦识别出没有登记过的车辆即强制收费。所有通行的车辆信息都会存储在智慧交通系统中，与登记的车辆数据进行匹配，定位到每位车主。据统计，交通拥堵税的收取和智能收费系统的应用，使斯德哥尔摩的交通拥堵程度降低了 20%～25%，交通排队时间下降了 30%～50%，中心城区道路交通废气排放量减少了 14%，整个斯德哥尔摩地区的废气排放量降低了 2.5%，二氧化碳等温室气体排放量下降了 40%左右。

四、金融信息化

金融业是一个传统行业，在我国也是一个发展中的行业。金融作为与国家货币政策和经济政策密切相关的产业，在宏观和微观两个经济领域发挥着巨大的作用，深刻影响着国民经济的发展，也与人民生活息息相关。金融发展史是一部科技进步、不断变革的创新史。金融科技发展从 20 世纪 80 年代的电子支付，到 20 世纪 90 年代的网上支付，再到 2000 年以来的线上金融以及 2008 年以后的金融科技，技术创新与进步引领和驱动金融业变革。从金融科技发展的历史阶段来划分，大体分为电子金融、线上金融、智能金融三个阶段[1]。

---

1 北国网：《玖富数科集团 AI "智"造美好生活》，2020 年 3 月 6 日。

第二章　信息化应用——"IT时代"的技术应用

中国人民银行参事、国家信息化专家咨询委员会委员陈静指出,"没有信息化,就没有金融的现代化",信息化是我国金融行业发展的必由之路。特别是在当今信息时代,金融信息化在世界范围内得到快速发展,在金融领域全面发展和应用现代信息技术,使金融活动的结构框架重心从物理性空间向信息性空间转变。

金融是生活,人们的科技生活可以通过金融来呈现。据统计,西方金融的创新有95%来自信息技术,例如花旗银行就是通过为客户提供超过6000种的创新金融产品,成为业内创新的领导者,而我国金融基于信息技术的创新产品比例接近100%。

金融企业可以利用信息技术设计复杂的金融产品,从而高效地进行风险管理。利用信息技术,我国各大商业银行建立了统一的业务应用平台,业务优势不断显现。其产品主要由网上银行、自助银行、手机银行、电话银行、公司银行等组成,形成了功能完善的电子银行体系。银行、证券、信托、保险等金融服务的整合也在加强。

1. 案例:南京银行智慧银行

智慧银行是传统银行和网络银行发展的高级阶段。在当前智能化趋势的背景下,智慧银行以客户为中心,重新审视银行和客户的实际需求,利用人工智能、大数据等新兴技术,实现银行服务模式和业务模式的再造和升级。

进门先刷脸、虚拟客服一路相陪、微信和网点实时相连……经过充分准备,南京银行首家智慧银行于2017年年底在鼓楼百子亭支行正式投入运营(见图2.3.16)。

南京银行智慧银行是南京银行积极响应国家创新驱动发展战略,顺应智能化金融服务趋势,积极探索各项金融科技创新技术,推动金融服务转型升级、实践普惠金融服务创新和实体经济服务创新的前沿阵地[1]。

1《南京日报》:《南京银行智慧银行开启智慧服务新模式》,2018年1月3日。

| 进门刷脸 | 智慧树 |
| 智慧柜台 | 趣味测评 |

图 2.3.16　南京银行智慧银行应用场景

智慧银行致力于回归网点金融服务线下终端的本质，为客户提供多层次、多元化的金融生活服务需求，深入构建渗透客户生活场景的"生活+金融"生态系统。智慧银行通过人脸识别、数字多媒体等技术打造了国内银行业首个覆盖客户家庭全年龄段成员的探索式互动体验空间。

2. 案例：央行正式宣布发行数字货币

2020 年 10 月中旬，央行数字人民币在深圳试点。我国数字人民币首次大规模向公众开放就取得了良好效果。截至 10 月 18 日 24 时，深圳市罗湖区一场数字人民币红包雨正式结束，4.76 万人成功领取总额为 1000 万元的红包，同时完成 6 万多笔支付业务，共计 876.42 万元。

央行数字货币就是指中央发行的数字货币，属于央行负债，具有国家信用，与法定货币等值。中国央行数字货币定义为 DC/EP，全称为"Digital Currency/Electronic Payments"，即数字货币和电子支付计划，重视改进国内零售支付系统。

（1）数字货币的特点。

一是无限法偿性。人民币（纸币和硬币）是法定货币，根据法律法规，任何机构和个人不得拒绝使用人民币。同样，央行数字货币也是法定货币，任何商户、个人不能拒绝使用它，否则就是违法的。比如，我们平时去商店买东西，选择移动支付时，有些商家只支持微信，或者只能用支付宝付款，而等到央行数字货币推出后，只要是能用电子支付的地方，商家就不能拒绝客户使用数字货币。

二是离线支付。在收付款时，只要双方手机里都安装有数字钱包且手机能正常使用，就可以在不连接网络的情况下进行支付，双方手机碰一下，就可以将一方的数字货币转到另一方的账户里。

（2）使用数字货币的好处。

一是降低成本。人民币的印制、运输都需要成本，使用数字货币将大大降低人工、印制等成本。

二是安全性高。数字货币相对于纸币来说安全性较高，不易伪造，这将使假币的市场越来越小，甚至消失。

三是交易信息可监控。数字货币的交易信息可以监控、追踪，这意味着洗钱、逃税等违法行为容易被监控，在一定程度上可以打击违法犯罪，尤其是经济领域的犯罪。

银行数字货币钱包的主要功能与银行电子账户日常支付和管理的功能基本相似（见图 2.3.17），页面上有 DC/EP 钱包支持数字资产兑换、钱包管理、数字货币交易记录查询等功能，也支持"扫码支付""汇款""收付款""碰一碰"四大常用功能。

图 2.3.17　数字货币钱包

五、商贸信息化

信息化条件下的商贸流通业呈现出与传统商贸流通业不同的发展特征，这些特征是信息技术被应用于商贸流通领域的结果，其核心是电子商务化。信息化在商贸领域广泛应用，利用简单、快捷、低成本的方式，为商业活动提供最大限度的灵活性和时效性，让贸易行为更高效。从贸易活动的角度来看，商务活动能够在多个环节实现，使用网络能够进行所有的贸易活动，也就是在网上将信息流、商流、资金流和部分的物流完整地实现。在电子商务中，要实现完整的商务活动还涉及更多方面，网上银行、在线支付等条件以及数据加密、电子签名等技术，发挥着重要的作用。目前，全国大部分省份的外贸企业中有半数以上的企业建立了企业内部局域网，绝大部分企业基本应用了财务管理系统，几乎所有的企业都接入互联网，大部分企业能利用互联网进行信息交流和发布信息产品，电子商务在企业中的应用得到了较普遍的认可。但是，随着现代信息技术的发展，信息技术给商贸领域中的经营方式、营销模式、财务管理、仓库管理、商品配送等方面带来了新的变化。

1. 案例：直播营销成为新经济增长点

2020 年，电商直播成为企业营销的新高地，居家不能出门的特殊情况再次让企业看到了直播带货的重要性。天猫与商家合作开启店铺视频直播；网易推出 CC 直播，以秀场和游戏为主；抖音、快手、搜狐、爱奇艺等网站也开设直播频道。企业以直播平台为载体，达到品牌提升或销量增长的目的。直播最大的优势在于带给用户更直接、更亲近的使用体验，甚至可以做到零距离互动，多人同时在线观看、购买，从而刺激观众购物。

直播要想达到更好的效果，就要有独特的直播模式，从玩法辨识度、成交冲动性和内容的可期待性带来直播模式的差异。

（1）采用快速成单模式进行直播，包括导购模式、抢拍模式、清仓模式。如导购模式是主播和品牌商合作，帮品牌商带销量，同时也给粉丝谋福利。主播会根据自己的带货能力来压低品牌商给的优惠价格，并要求给予粉丝更多的赠品。通过"抓潜、渗透、成交、服务、追销"五步法，获得海量粉丝，成功促成销售。

（2）打造 IP 模式，包含达人模式、专家门诊模式。达人模式就是主播是某一领域的达人，在这一领域有切身体验与长期积累。IP 模式要求主播在该领域中有非常高的专业度，对该领域的产品了如指掌，这样才有资格成为"意见领袖"。通过打造 IP 模式获取的粉丝，对主播的信任度都比较高，因此产品的转化率也比较高。

在企业产品的商业推广中，网红达人、影视明星、企业领军人物等参与直播带货。另外，在精准扶贫、推动地方经济发展等方面，基层民众、政府领导和工作人员也参与到了直播中，为区域特色产品推广销售，成为推动地方经济发展的新亮点。2019 年以来，县长直播带货，为地方特产"站台"，宣传当地产品，使直播过程中的订单量增加，大大提高了产品的销售额。

我们看到了直播经济的成功。当然，成功的直播需要精确的前期市场调研，直播是向大众推销产品或者个人，推销的前提是我们深刻了解用户需要什么，我们能够提供什么，同时还要避免同质化的竞争。因此，只有精确地做好市场调研，才能做出真正让大众喜欢的营销方案。依靠大数据设计直播流程，通过直播实现高效的内容生产、精准的用户体验、个性化的实时互动，并精准反馈实时数据。

营销最终要落实在转化率上，实时的及后期的反馈要跟上。同时，通过数据反馈可以不断地修正方案，不断提高营销方案的可实施性。业界对于直播营销的探索还在进行中，但是有一点已经形成共识：在实现用户留存和黏性的基础上培育消费习惯、优化消费渠道、提供良好的消费体验。直播的最大优势在于带给用户更直接更亲近的使用体验，让顾客更容易接受产品，在互联网背景下，直播销售不可或缺。

2. 案例：从中国制造到"世界工厂"，中国跨境电商出口 C 位引爆

当今，网购已然成为现代人生活中不可或缺的组成部分，近至几公里、远至跨国跨洲的商品，都可以一键轻松"全球购"。与此同时，在世界上的其他角落，一场"中国质造"正在席卷全球，中国商人们在"一带一路"倡议

的推动下,通过"网上丝绸之路"让世界人民了解"Made In China"的高品质。中国跨境电商市场在全球经贸一体化的深度融合之下,正在迸发巨大潜力。而卖家面对广阔的海内外市场,则开启了多平台运营,多点出发赢取消费者,这就需要采用电子商务 ERP 系统,使企业运营管理更智能。电子商务 ERP 是将传统 ERP 中的采购、生产、销售、库存管理等物流和资金流业务与电子商务中的网上采购、销售、支付等功能进行整合,以商务为核心,以计算机及电子技术为手段,打破国家和地区的壁垒,使企业从传统的注重内部资源管理利用和业务集成转向注重外部资源管理利用和外部业务协同。企业电子商务 ERP 系统通过互联网实现了信息资源在各部门之间的流通和共享(见图 2.3.18)。

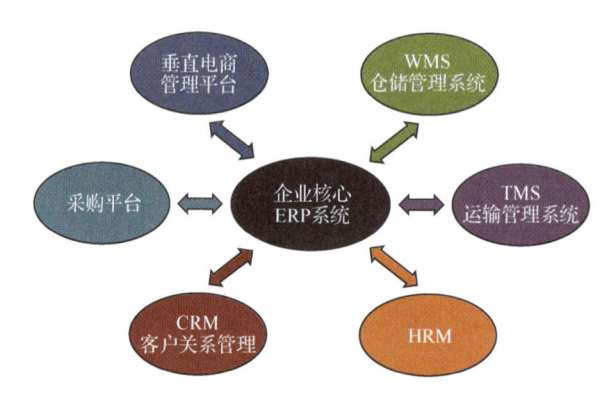

图 2.3.18 企业电子商务 ERP 系统

电子商务 ERP 是伴随互联网技术发展而产生的,一方面它是电子商务运行时传递信息的平台,为企业建立了库存、价格信息等产品信息库,使企业能够快速查找和提供产品信息情况;另一方面,它又具备与外部沟通交互的能力。它把从网络中获取的信息与企业内部信息相结合,实现了数据共享,减少了资源浪费。所以说,电子商务 ERP 是拓展企业市场的有效渠道和管理核心。具体来说,电子商务 ERP 有以下特点。

(1)不受平台制约。ERP 能实现真正意义上的多平台运行,可以不受任何操作系统制约。企业可以根据业务需求和资金投入选择合适的平台,从而顺利实现不同应用水平阶段的迁移。随着企业不断发展壮大,在阿里巴巴、eBay、亚马逊等多个平台运营时,ERP 可以实现订单实时同步,集中审核、自动发货、售后策略、自定义订单处理流程和环节、前后置发货策略配置、自动创建售后单等功能，如此一来，基于浏览器/服务器模式的 ERP 形式的跨平台软件系统具有明显优势。

（2）多应用集成一体。ERP 以重点企业为核心，将企业信息流、物流、资金流等使用进销存供应链、客户关系管理、国际贸易、生产、财务等应用进行整合，将从供应、制造、分销、零售直至终端用户整合成一体的功能网链结构模式；提升各环节单位之间的数据交换效率，提高企业在整个供应链中的竞争力。

（3）数据高度整合。在 ERP 中，数据根据业务流程、管理工作的内在规律与联系，在各应用模块之间经过转换、汇总、整合，再传递到相关的功能模块里，使数据和信息在应用系统中有效共享传输，通过协同运行实现数据高度集成，完成对企业整个业务流程的有效管控。

（4）效率提升。使用电子商务 ERP，极大地缩短了采购信息从供应链下游传输到上游的时间，有效地提高了物流和资金流的运行速度。同时，第三方物流与电子支付方式保证了物流和资金流按照预定的速度流动。供应链中物流、资金流、信息流流动提速，使企业能更有效地实现增值。

3. 案例：京东推出无界物流

伴随京东无界零售时代的到来，消费场景将会变得"无处不在""无时不有"，消费者要想获得"所想即所得"的最佳体验，就需要通过精准快速的物流来帮助实现。所以，物流正在面临一场深刻变革，达到无界物流的理想状态。无界物流以客户为中心，通过短链、智慧、共生，无缝连接产业端和消费端，带来"快""精""喜"的极致服务。具体来说，"快"是用户最核心的需求。京东物流推出了"闪电送"，在京东到家—达达布局的基础上进一步提升了送达时效，将北京、上海、广州等 30 多个城市的配送时间压缩至数分钟到几十分钟不等。"精"则是指物流服务的精准度，新推出的"精准达"服务可以让消费者指定具体的时间点，"快递到车"服务则可以把货物送进消费者的汽车后备箱，让消费者随时、随地、随心收货。"喜"指的则是京东物流服务要有温度。在京东快递员进行配送时，服务力求专业、热情、负责，从而建立起良好的信任关系。京东物流希望做到超出客户预期，为消费者进行有温度的交付，帮助商家创造更多的价值，"这并非一蹴而就，而是需要多年的积累"。如图 2.3.19 所示为京东智慧化无人仓。

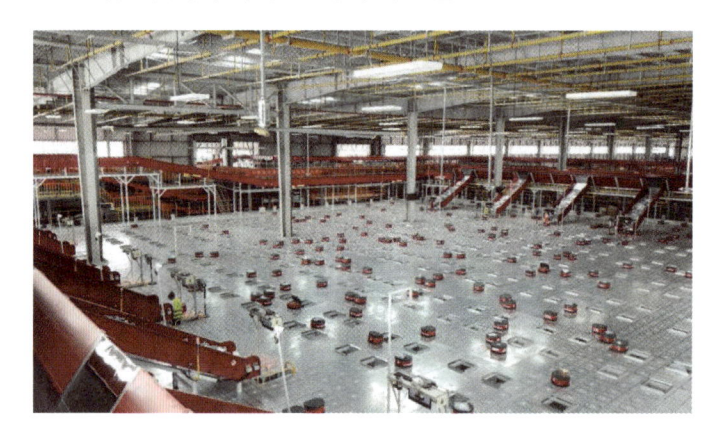

图 2.3.19　京东智慧化无人仓

高效的物流与技术的支持是分不开的，信息技术在现代物流中的应用可以体现在很多方面。

（1）射频技术的应用。传统的物流中心以存储保管为目的，采用条形码技术进行配送，运行起来消耗高、效率低。采用射频技术的现代物流中心突破了传统的管理模式，实现了仓库的高效管理和信息的实时处理。

在传统的物流中心进行货物分拣时，货物与信息是分离的。货物卸载后，工人通过货物信息与货物处理指示信息进行工作，因为没有这些信息就无法知道货物与订货单的对应关系及各种货物的运输方式和目的地。

使用电子标签技术以后，工人收到货物的同时，电子标签读写器及时采集货物到达的物流信息，读取信息后输入系统，从而实时获得下一步指示：是按要求卸货，还是不停车直接进入下一环节。这样就提高了货物分拣效率、降低了人力成本。货物运送到仓库的不同区域后，可以利用电子标签读写器对货物的存放状态进行监控。当货物存储数量达到运输条件时，系统自动发出提示信号让调度系统人员进行出库操作，实现了货物的先入先出。出库时，系统将处理好的出库信息传送到相应库位的电子标签上，拣货员根据出库指示完成出库操作。

在运输过程中，由于天气、路况、人为等不可预见性和不可抗因素，物流企业及其客户都不能实时了解货物所在的地点。若将电子标签技术应用在交通运输工具上，在货物运输沿线安装电子标签接收设备，物流企业和客户通过系统就能实时查询货物的位置，使物流企业和工作人员能及时处理突发问题，有助于提高企业的服务水平。

（2）条形码技术的应用。若要建立完整的供应链，实现仓储自动化，第一步就是要为每件货物设置条形码。有了条形码，POS（销售终端）才能快速准确地收集出库数据（见图2.3.20）。

图2.3.20　使用条形码的货物管理

在使用POS的过程中，在商品的订购、配送、销售、盘货等业务处理中，环形码作为信息采集手段，使零售业精确的数据分析管理和实时管理成为可能。销售商可实时了解商品当前的销售信息，根据信息可以及时调整进货计划和货品种类，从而有效降低了脱销、滞销的风险，同时加速资金周转，有利于货架的合理化布局，实现销售额的增长。

（3）EDI（电子数据交换）技术的应用。EDI系统是由EDI软件、硬件、通信网络及数据标准化构成的。由于EDI系统是以预先定义的报文格式进行数据传输和信息交换的，因此EDI中最关键的是EDI标准。EDI标准主要分为基础标准、代码标准、报文标准、单证标准、管理标准、应用标准、通信标准和安全保密标准。

> **名词释义**
>
> 电子数据交换（Electronic Data Interchange，EDI）是由国际标准化组织（ISO）推出的国际标准，是指按照同一规定的一套通用标准格式，将标准的经济信息通过通信网络传输于贸易伙伴的计算机系统之间进行数据交换和自动处理。EDI 俗称为"无纸交易"，是一种利用计算机进行商务处理的新方法。EDI 将贸易、运输、保险、银行和海关等行业的信息用一种国际公认的标准格式，通过计算机通信网络，使各有关部门、公司与企业之间进行数据交换与处理，并完成以贸易为中心的全部业务过程。

EDI 系统可以有效地管理和处理信息，它可以利用现有计算机及通信网络资源，提高交易双方信息的传输效率，降低物流成本（见图 2.3.21），实现对物流供应链上的物流信息进行有效运作。比如，在生产制造过程中，EDI 可以有效地减少库存量和生产线待料时间、降低生产成本；在货物运输过程中，EDI 可以实现快速报检通关、合理有效利用运输资源、降低运输成本和缩短运输时间；在商品销售过程中，EDI 可以实现快速响应，减少库存量，降低空架率，加速资金周转，降低物流成本。依靠 EDI 等技术可以建立"产存运销"一体化的供应链管理体系。

图 2.3.21　EDI 系统

使用以上信息技术手段，使物流的运作以信息为中心，有效地实现对物流的实时控制，实现物流的合理化。

六、医疗健康信息化

随着生活水平的提高，人们越来越重视健康，传统的医疗模式和医疗仪器已经无法满足当前的需要，医疗行业正从传统模式向信息化模式逐步转变。以智慧医疗为主的医疗模式，将带给患者更好的就医体验。

在技术方面，智慧医疗充分利用了新一代网络信息技术的优势。其对传感器、物联网、人工智能、云计算、大数据等新技术的广泛应用，远远超出了传统互联网的范畴。在机制上，智慧医疗强调网络信息技术与传统医疗各个环节紧密结合，实现一体化发展，而不是替代和颠覆。2019世界人工智能大会期间发布的《以智慧医疗为医改抓手 建立融合共生的新型医疗服务体系》报告认为，智慧医疗是传统医疗卫生信息化的"革命性升级"，在全面提升医疗领域技术能力与服务水平的同时，为"健康中国"战略实施提供支撑。

在智慧医疗体系中，物联网技术和云计算技术是实现智慧医疗的关键，这两大技术的连接点是海量的医疗数据，或称为"医疗大数据"。由于医疗物联网的数据量巨大、增长速度快，采用传统的数据库技术难以实现有效的管理和处理，而智能医疗通过可扩展的医疗大数据的存储和处理能力，以较低的成本实现高效运作，并通过互联网为用户提供方便、快捷的医疗服务。

数据的深度利用，即利用数据挖掘和机器学习等技术，从数据中发现隐藏的知识。例如，患者的心率变化周期、血氧饱和度、生命体征的异常检测、变化模式的相关性等，因为涉及的数据种类繁多，这些知识很难依靠医生以手工的方式来获得经验。而应用大数据处理技术分析这些数据，可以帮助医生治疗病症。

近年来，随着人工智能技术与医疗保健领域的不断深化与融合，人工智能领域语音交互、计算机视觉和认知计算技术等逐步成熟，人工智能的应用场景更加丰富，人工智能技术逐渐成为影响医疗行业发展的重要因素，也成为提高医疗服务水平的重要因素（见图2.3.22）。人工智能在医疗方面的应用可以分为以下四个方面。

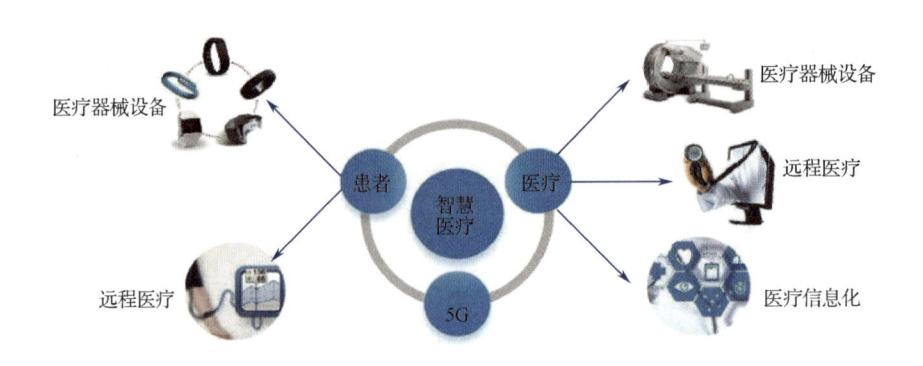

图 2.3.22　智慧医疗应用

第一个方面是基因测序。从数字分析到应用，基因测序通过搭建基因数据库、处理基因数据、可视化表达基因，在不确定某药物到人体中的具体反应时，可以借助人工智能进行模拟。

第二个方面是医生的辅助诊断。辅助诊断的底层核心是知识图谱。机器智能将疾病描述置于知识图谱中，通过知识关联映射对疾病进行推理和诊断。

第三个方面是医学影像。利用图像识别和深度学习能快速进行病灶区域定位，减少漏诊误诊问题的同时，可以获得更精准的诊断建议和个性化的治疗方案。

第四个方面是药物研发。利用人工智能可以提高药物筛选效率并优化其构效关系。在临床研究过程中，结合医院数据可快速找到符合条件的受试病人，帮助医药企业更加快速、准确地开展药物临床筛选和分析，加快新药研发迭代效率。

1. 案例：现代信息技术在抗击新冠肺炎疫情中的应用

新冠肺炎防疫战也是科技战，在疫情防控期间，信息技术的创新应用被全面激活。线上诊疗、健康码等信息化的医疗健康服务形式走进人们视野。而 5G 与医疗的深度融合、"互联网+医疗"潜能的凸显，让人们切身体会到了其中的便利。

（1）智能 CT 影像筛查。人工智能辅助影像利用智能影像识别技术可以生成一份标准化的影像报告,并将非结构化数据结构化。这种方式可以大大降低医生的工作量,帮助医生更快地完成对患者的诊断。同时,系统利用人工智能深度学习技术,对新冠肺炎和其他病毒性肺炎的 CT 图像进行鉴别、分析,以便快速诊断患者的病情(见图 2.3.23)。

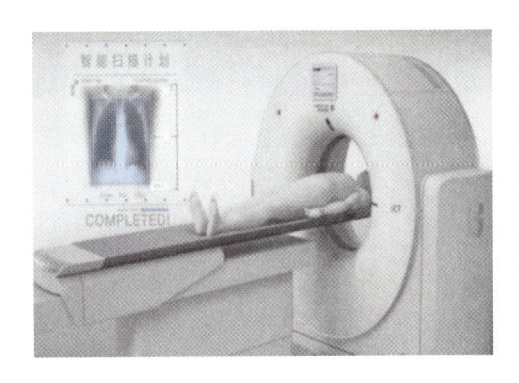

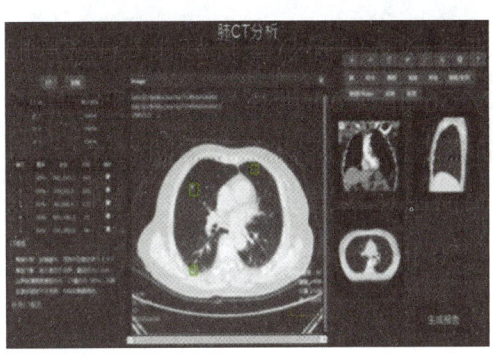

图 2.3.23　智能 CT 影像筛查

(2)智能机器人。新冠肺炎疫情发生以来,中国的人工智能企业充分发挥优势,在短时间内向多个地区投放了多种智能机器人。这些机器人在岗位上有条不紊地进行着各自的工作,如测温、消毒、送货及送诊等,在我国疫情防控、疾病诊断、民生保障等方面发挥了重要作用,成为本次防疫工作中的一大亮点。智能机器人利用立体导航技术,在巡检、送餐和消毒灭菌时可以自主设定线路、地点和时间,多种传感器协同工作,能够实现厘米级的精准定位导航和避障。同时,基于人工智能的多种深度学习算法,完成智能对话(见图 2.3.24)。

图 2.3.24　智能机器人

图 2.3.25　云直播医院建设

（3）5G 云监工火神山/雷神山。在火神山、雷神山医院建设期间，央视 24 小时直播医院建设情况。在医院附近的楼顶搭建的 4K 高清摄像头是千万名云监工的眼睛。直播团队通过采用 5G 加光纤的网络团队方案，把视频信号传给后台的视频服务器，再推送到云端。同时，引入 VR 虚拟现实技术及 3D 声场技术实现全视角呈现。通过三级云架构保障系统的稳定性，实现 5G 网络 24 小时不断呈现建设实况（见图 2.3.25）。

除了直播医院建设情况，在此次新冠肺炎疫情防控中，大数据运用、5G 远程会诊、无人机喊话、在线问诊、红外线体温测试仪等新科技应用及产品已经上线。

2. 案例：达芬奇手术机器人

美国智慧医疗产业拥有强大的研发实力，植入式医疗设备、大型成像诊断设备、远程诊断设备和手术机器人等智慧医疗设备的技术水平在世界上处于领先水平。

达芬奇手术机器人的优势在于其灵活的终端器械、3D 清晰成像、精准的操作达成率，能够触及传统人工手术无法轻易到达的位置，并施以普通腹腔镜无法实现的灵活性和精确性，以此提高外科手术的成功率、效率及治愈率。现在已主要应用于泌尿外科、甲状腺、妇科肿瘤、胃肠、儿童外科等相关手术中。

2017 年 5 月 19 日和 21 日，世界达芬奇手术机器人直播大会在北京和睦家医院召开。来自国内外的三位世界级微创手术专家针对胃肠领域、泌尿外科领域、肝胆胰腺或疝和腹壁外科领域应用达芬奇手术机器人进行了为期两天的全面手术直播演示（见图 2.3.26）。

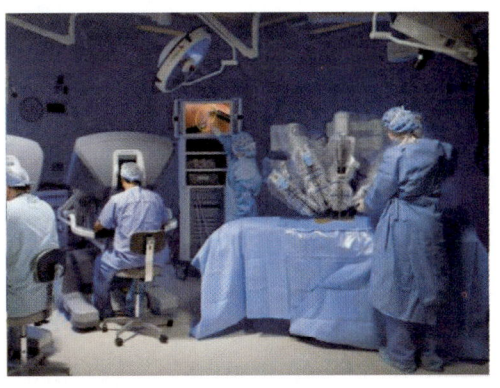

图 2.3.26　达芬奇手术机器人

七、政务信息化

从国际发展实践看，英国"政府即平台"、新加坡"在线服务'一站式'和不间断"、美国"整体政府和互动政府"、爱沙尼亚"万能钥匙和十字路口"、格鲁吉亚"同一政府，同一时间"等都在积极利用信息技术推动政府工作转型升级，发展中国家也紧随全球发展契机呈现出转型的趋势。

目前，我国"新基建"的帷幕已经拉开。其中，以5G、云计算、人工智能等为代表的"新基建"也将迎来重大发展契机。要积极应对政务数字化转型的问题，提高现代化社会治理能力，为人民群众提供更加方便、快捷、优质、高效的政务服务，就需要强化技术赋能、推进基础设施建设，可以从以下三个方面着手。

第一，结合5G基建，推进硬件设施集约化建设，实现软件平台以更大范围共享。

第二，以智慧城市和数字化政府建设为统领，打破信息壁垒、数据烟囱，实施政府数据跨层级、跨地域、跨系统、跨部门、跨业务的协同，提升数据质量。

第三，积极开展大数据服务应用，着力推进更多的场景应用，推进掌上办事、办公。全力打造协同高效的数字化政府，建设智慧便民的数字化社会，积极助推智慧城市发展。

1. 案例：深圳市南山区推出智慧政务"套餐"

(1) 打造企业"一站式"服务专区，新开办企业实现"拎包入驻"[1]。

南山区加大营商环境改革力度，进一步提升开办企业便利度，新设立企业可实现"一网申报、限时办结、一次配齐"，通过线上线下相结合的方式，实现涵盖多部门的"一站式"服务。

(2) 政企之间架起"数字鹊桥"，企业服务"周周见"。

利用云视频、网络直播技术等现代信息技术，南山区打造的综合展播厅集互动屏展示区、智慧指挥中心、数据展示中心等多种功能为一体，建立了覆盖政府部门、企业的一整套"政企面对面"服务平台，满足了政务服务直通企业的需要。

(3) 银行网点"变身"政务服务柜台，南山区开创"智慧政务"新模式。

在南山区，如果你想开办一家企业，只需走进任意一家中国建设银行，便可以一次完成从注册到开户。

南山辖区建行营业厅的智慧政务金融便民服务网点承接 75 项全流程网办政务及 641 项自助政务，打通银行线上申办、对公开户、Ukey 申领、营业执照打印"一站式"全流程（见图 2.3.27），在全国首创智慧政务金融便民服务网点。

2. 案例："i 罗湖"打造指尖上的智慧五星政务

"i 罗湖"是深圳市罗湖区政务新媒体综合服务平台，通过大数据和一体化服务，对区政府各部门的信息系统和新媒体进行整合再造，构建统一标准的服务平台，打造包含 App、公众号、小程序等多渠道于一体的掌上政务体系。它最大的特点是实现了一端集成、多端适配，将全区 100 多个政务新媒体进行了整合，一共对接了 1200 多项政务服务事项，这些事项同时连接了"i 深圳"罗湖板块，对接 43 项公共服务。

---

1 搜狐：《看这里，南山推出系列优化营商环境的便利"套餐"》，2019 年 5 月 16 日。

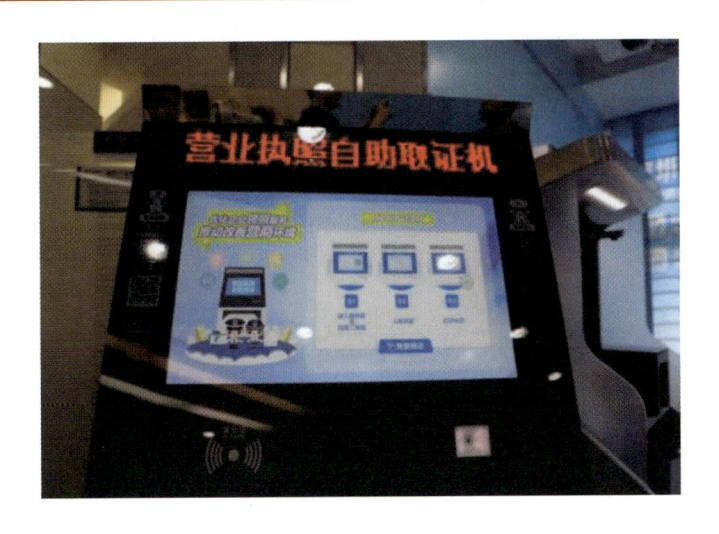

第二章 信息化应用——"IT 时代"的技术应用

图 2.3.27 服务网点的自动取证机

以开办企业为例。过去，开办企业要先去市监部门登记，之后要去印章店刻章，再去银行开户，要营业的话还要领取发票、对聘用人员安排参保等。现在，罗湖区实现了一门集中、一次配齐，罗湖区政务服务大厅把这些部门进行了整合优化，实现开办企业所需要的营业执照、印章、开户卡、税控盘一次配齐，最快可以一日内办结。目前，"i 罗湖"已经梳理出开办饭店、培训机构、幼儿园等 40 多项主题的场景式导办服务，包括开办 KTV、游戏厅、游泳池、宠物店等，实现了"少填、少报、少跑、快办"。

3. 案例：禹州通 App 上线运行

禹州通 App 是一款专为河南省禹州市本地用户提供便捷生活政务服务的客户端应用，用户需要的功能全部都能在手机上实现，并可根据群众需求不断增加服务事项。目前平台实现的功能如下。

（1）政务服务模块。政务服务包括的模块有常办事项、个人办事、企业办事、部门办事、网点导航、办事预约、进度查询、我的足迹等，点击即可进入办理相关事项。目前，手机 App 客户端已与禹州市政务服务网上办事大厅相连，可执行 807 项政务服务事项在线咨询、事项办理进度查询等操作。

（2）VR 政务模块。VR 政务已经实现了政务 VR 索引、城市 AR 展示功能，可以模拟真实的现场景观，实现 720°全景展示实体政务服务大厅全貌，让人如在现场、身临其境。

（3）AR 智慧党建模块。党建引领、人民为重，AR 智慧党建是利用先进的 AR 技术加强党的建设，以党建高质量推动政务服务高质量发展。

（4）VR 全景旅游模块。通过 VR 全景旅游可以在手机上提前游览禹州神垕古镇、大鸿寨、华圣故里、禹王锁蛟井等十几处景点，呈现 720°全景展示。

禹州通 App 还将增设智慧公安事项的在线交通违法查询、违章处理、户政业务、出入境业务办理等；增加禹州市人社局的就业创业综合服务、公共就业招聘信息服务、职业/职称证书在线查询等业务；增加禹州市卫健委的电子病历、医疗机构设置及执业登记查询业务；完善公共服务模块的智慧医疗、智慧教育、共享单车、便民出行等公共服务板块。

同时，对生活服务模块涉及的生活交费、房产信息、人才市场、VR 全景美食、全景旅游、在线求助、在线拼团等事项进行填充和完善，达到平台集政务服务和民生服务为一体，为用户提供全天候、"一站式"服务，真正实现老百姓关心的高频热频服务"掌上办、指尖办"。

4. 案例：西宁市市民中心装上最强"网络服务心脏"

在信息技术快速发展的新形势下，以政务信息化助推政府治理现代化为大势所趋。作为市民中心的"网络心脏"——西宁市政务中心机房现已投入使用，在为市民提供快捷优化服务的背后，发挥着基础的支撑作用。

西宁市政务中心机房承载着全市电子政务内网和电子政务外网的核心网络及重要应用，能同时满足多个市民中心入驻单位的机房搬迁需求。中心机房后期规划拟整合全市相关的数据机房，迁入电子政务外网核心，将在很大程度上节省设备运维开销、减少能源消耗。

5. 案例：贵港市政务服务进入"刷脸"时代

贵港市通过智慧政务统一云平台，消除了多个部门的信息壁垒，促进信息互联互通，加强政府平台整合升级，市民不带证件也可以实现高效办理，让政务服务进入"刷脸"时代。

贵港市智慧城市建设结合了人工智能及人脸识别等现代信息技术、窗口多功能输入仪智能设备，使水电气报装实现"人脸识别""零材料申报"。同时，以智慧政务平台为支撑，促进水电气业务审批过程和结果的实时流转及跟踪督办，实时记录水电气报装及外线工程并联审批各环节办理时间的节点，变"物理整合"为"化学聚变"，推动水电气业务办理全流程规范化。

八、教育信息化

党的十九大报告指出：建设教育强国是中华民族伟大复兴的基础工程，必须把教育事业放在优先位置，加快教育现代化，办好人民满意的教育。近几年，我国教育财政支出持续增长，2013年全国教育类支出为21877亿元，同比增长了3%；2017年达到30000亿元；2018年上半年教育类支出为16400亿元，同比增长了6.9%。尽管我国对于教育的投入不断增加，但是教育资源却受地域影响，存在严重分布不均的现象。随着信息技术的发展，逐步完善的在线教育可以有效地实现教学资源的优化配比，更好地满足学习者多元化的学习需求。

在线教育是指应用信息技术和互联网技术进行传播内容和快速学习的方法。与传统的线下教育相比，在线教育具有方便、效率高、门槛低、教学资源丰富等特点。同时，在线教育覆盖人群广泛、学习形式多种多样，这些都是传统的线下教育无法达到的。如表 2.3.1 所示列出了线下教育和在线教育的发展情况比较。近几年来，在市场、政策和技术的共同推动下，我国的在线教育市场越发活跃。

表 2.3.1 线下教育和在线教育对比

项目	线下教育	在线教育
场景	晚上或周末时间，时间限定、空间限定	碎片化时间，打破资源在地理上的分配不均
师资	以全职为主	以兼职为主，有利于构建优秀教师团队
学生管控	面授课程教师能够直接管理学生，对于学生自我驱动能力要求相对弱	对于自我驱动要求比较高，教师对学生的把握能力较弱

我国在线教育事业从 1990 年开始，经过了二十余年的发展，先后经历了传统教育、数字化教育、互联网+教育、移动+教育、智能+教育（AI+教育）阶段（见图 2.3.28）。

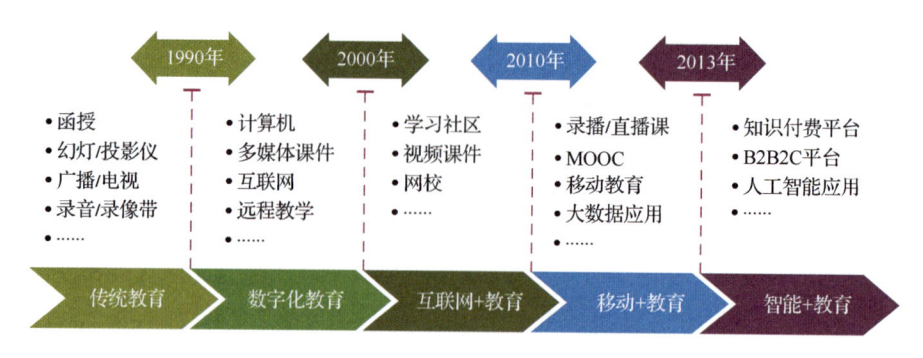

图 2.3.28　在线教育的发展历程

20 世纪 90 年代，我国提出了教育信息化。从此，各种新型的教学方式开始应用在课堂教学之中。广播、投影仪、电视、幻灯片、录像、录音等教育手段的应用提高了教学的效率，并在一定程度上缩短了信息的传递过程。进入 20 世纪 90 年代，PC 机逐步普及推广、互联网快速起步，各种数字化技术陆续被应用到教学过程中，为教育的发展提供了新的途径。自 1999 年开始，我国陆续批准了 68 所高等学校试点全国现代远程教育。2000 年至 2010 年，互联网技术日趋成熟，为教育教学提供了更广阔的发展前景，各种新的教学形式不断涌现。教育不再局限于小组学习和班级教学，互联网教学视频、学习社区等多种"互联网+"教育方式快速发展，出现了如沪江、新东方等一批线上网校。2010 年后，录播课程、直播课程等一些付费课程出现并逐步成为一种稳定的商业模式。移动教学手段的迅速崛起也使教育渠道和方式更加多样化。随着用户消费意识的觉醒和对知识需求的深化，又出现了一种以"轻知识"为代表的付费知识平台，即 B2B2C 在线教育平台。依托于高校开发的优质课程资源慕课（MOOC）的兴起，在一定程度上可以被认为是 B2B2C 在线教育平台的启蒙形式。

所谓 B2B2C 教育平台，就是一种互联网教育载体，它不负责提供各种教学内容，而是为教师和学生搭建教与学的平台。一方面，它通过制定严格的资质审核流程和教学监管机制，筛选出优秀的网络授课教师入驻平台；另一方面，它通过集中多领域的课程内容和教师，满足学生用户的学习需求。在教学、运营、交易、营销、技术支持等各个环节，B2B2C在线教育平台为师生双方提供全方位的服务，最终达到一定的教学效果，实现课程商业化的目标。它融合网校教育、MOOC、直播、知识付费等多种元素，成为互联网教育新模式。今天，大数据、人工智能等技术的出现，持续地推进了在线教育平台的智能化发展，新产品、新功能的开发已经成为教育领域的技术研发方向，相继出现的各类教育产品不断提升用户体验。

例如，利用云计算技术可以将学生在学习过程中产生的大量数据进行可视化，并通过建立分析模型，实现对结果的科学分析。这些分析模型能够清晰、准确地记录学生学习的动态轨迹。

人工智能技术能够有效地推动智能化校园的进程，通过研究基于人工智能的新式教学模式重构教学过程，并运用人工智能技术监测教学过程进行学情和学业水平分析诊断。基于大数据所建立的多维度、综合性评价形式，可以实现精确评估教与学的效果，从而因材施教。

3D动画与增强现实通过交互技术实现影像合成，运用生动的模型能够全面地展现概念、结构和细节，有利于帮助学生理解复杂、抽象的问题，有效提高学生的学习效率。

1. 案例：网易云课堂

网易云课堂是网易公司打造的在线实用技能学习平台，该平台于2012年12月底上线，借助互联网技术，为学习者提供海量、优质的课程，课程结构严谨，用户可以根据自身的学习程度，自主安排学习进度。

网易云课堂的在线学习平台界面如图2.3.29所示。该平台立足于实用性，精选各类课程，与多家权威教育培训机构建立合作，线上课程数量已达4100多门，课时总数超16000个，涵盖实用软件、IT与互联网、外语学习、生活家居、兴趣爱好、职场技能、金融管理、考试认证、中小学辅导、亲子教育等十余大门类，其中不乏数量可观、制作精良的独家课程。从生活、职业、娱乐等多个维度，为用户打造实用学习平台。网易云课堂在线学习平台包括学习计划、技能图谱、题库等特色板块。

图 2.3.29　网易云课堂在线学习平台示意图

网易云课堂针对不同用户的学习需求所开发的学习计划板块，可以帮助学员创建适合自己的学习内容和学习周期。技能图谱与题库也是网易云课堂的特色。

2. 案例：腾讯课堂

腾讯课堂是腾讯推出的专业在线教育平台，聚合了大量优质教育机构和名师，下设职业培训、公务员考试、托福雅思、考证考级、英语口语、中小学教育等众多在线学习精品课程，打造老师在线上课教学、学生及时互动学习的课堂（见图 2.3.30）。

腾讯课堂"老师极速版"是为老师便捷开课服务的一款软件，可帮助老师快速搭建自己的专属课堂。老师使用手机号即可一键注册登录，开课后老师将课程链接或二维码分享给学生，学生就能快速进入课堂听课。"老师极速版"拥有丰富的教学功能，有摄像头、PPT 播放、音视频播放、屏幕分享四大授课模式可供选择，包含画板、签到、答题卡、举手连麦、画中画等十余种互动教学工具，有效地解决了老师对在线教学不熟悉、开课流程复杂等难题。

2020 年 2 月 26 日，腾讯课堂成为人力资源社会保障部推荐的 50 家职

第二章 信息化应用——"IT 时代"的技术应用

业技能培训线上平台机构之一，在新冠肺炎疫情期间免费提供线上培训资源及服务，助力人力资源社会保障部落实职业技能提升行动"互联网+职业技能培训计划"[1]。

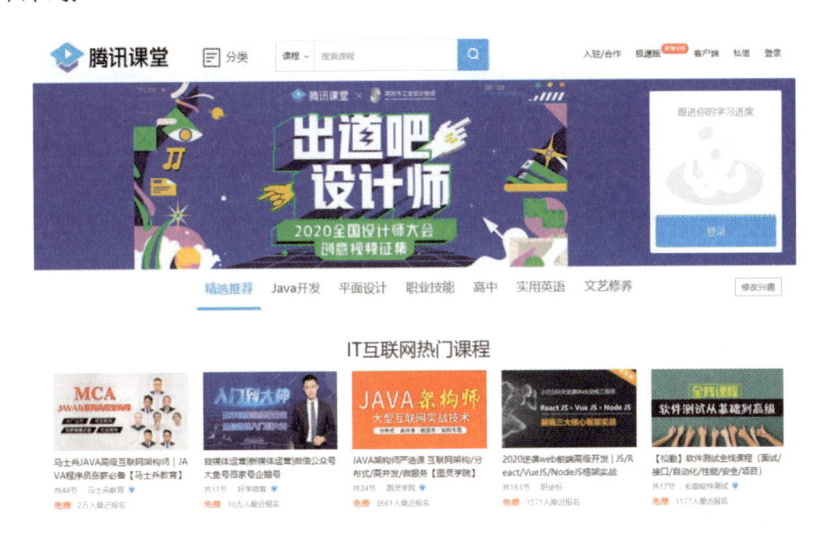

图 2.3.30 腾讯课堂官网平台截图

九、文体娱乐信息化

中央提出加快发展文化产业的原则要求是：坚持以人为本，通过文化产业的发展满足人民群众日益增长的精神文化需求；坚持以发展为主题，把发展文化产业作为市场经济条件下繁荣社会主义文化的重要途径，壮大产业规模，提高产业质量，提升产业效益；坚持以改革创新为动力，为文化产业发展创造良好的体制机制和政策环境。

1. 案例：2020 年春晚聚焦"黑科技"

对于文化产业而言，以信息化、网络化为方向，伴随着 5G 技术的应用，虚拟现实技术、增强现实技术、8K 视频等技术的发展，无论是形式上还是内容方面，都将呈现一副崭新的面孔。近年来，数字化内容、网络动漫游戏、

---

[1] 腾讯教育：《腾讯课堂获人社部推荐！疫情期间免费提供线上培训资源及服务》，2020 年 2 月 27 日。

视频直播等都是基于互联网或移动互联网发展的新型文化业态，这些形式将成为文化产业发展的新动能和新的增长点。信息技术在文体娱乐中的应用使人们感受到了新技术的便捷和智慧，享受到全方位的服务[1]。

每年的除夕夜，央视的春节联欢晚会都是观众饭桌上的一道开胃"视听大餐"。近年来，这道大餐的"科技味"越来越浓。相比往年的央视春晚，2020 年春晚的舞台第一次打造出三层立体舞美效果，并运用飞屏技术打造360°环绕式景观模式，让观众在屏幕前就可以有"裸眼 3D"的体验感受（见图 2.3.31）。

图 2.3.31　中文国际频道《今日环球》报道：多项创新技术应用于春晚直播

"5G+8K/4K/VR"是 2020 年春晚最受关注的"黑科技"。从标清、高清到 4K、8K 超高清视频技术，科技创新的跨越式发展为观众带来耳目一新的视听体验。在春晚全程直播中，5G 网络已经全面覆盖了春晚分会场与主会场，中央广播电视总台首次采用"5G+8K"技术实现多机位拍摄。5G 网络使画面传输更清晰、稳定，这也是拍摄、传输、制作 8K 版春晚的必要条件（见图 2.3.32）。

另外，通过总台首创的虚拟网络互动制作模式（VNIS），中央广播电视总台"央视频"5G 新媒体平台作为我国首个国家级 5G 新媒体平台，实现了首次春晚 VR 直播，春晚的三维全景视角让科技"年夜饭"更有味。完成 VR

1《光明日报》：《5G 与文化产业会碰撞出怎样的火花》，2019 年 3 月。

直播的设备分辨率很高，基本可实现看清现场每个人的脸部表情，让客户端的用户可以全方位观看直播的效果。

图 2.3.32　春晚 5G+VR 全景直播图

2. 案例：信息技术将全面助力北京 2022 年冬奥会

信息化是体育产业面向 21 世纪和信息社会重要的发展战略，是体育发展的新动力和新主题。

2008 年北京奥运会中成功地运用了大量先进的信息技术，不仅成功地服务于北京奥运会，也是推动北京经济转型、促进产业升级、建设国际现代化大都市的一笔巨大而宝贵的财富[1]。

到 2022 年，5G 将在奥运会中得到全面应用。德勤咨询发布的《5G 重塑行业应用》对 2022 年冬奥会进行了系统性展望，5G 将在奥运赛事的转播、全景质保、VR 沉浸式体验、礼宾、医疗救助、反恐安防等多场景中得到应用，构建智能化、数字化奥运会（见图 2.3.33）。

（1）助力智慧竞赛。

如果一名运动员在比赛训练中发挥得不理想，可借助集成了高科技传感器的比赛服装进行分析，改进不规范的动作，辅助运动员有更大的可能在比赛中取得优异的成绩——这样的情况在北京冬奥会中就可能出现。

---

[1] 尤靖：《奥运会后信息技术的推广应用》，《中国信息界》，2008 年第 9 期。

图 2.3.33　5G 将为 2022 年的冬奥会提供安防及智能调度传输

5G 技术的普及和应用可能会使越来越多的智慧穿戴应用出现在北京冬奥会上。智慧穿戴就是把集成传感器安装在运动员比赛服装里，来获得对运动员身体机能和运动技能的多方位感知数据，并将采集到的数据进行分析，用来帮助运动员纠正训练姿态，或检测运动员是否处于疲劳状态，进而帮助教练对训练和比赛计划做有针对性的调整。

打造北京冬奥会智慧竞赛。智慧医疗、智慧翻译、智慧安保等将在 5G 技术的支持下成为可能。智慧翻译可以让各国运动员之间进行无障碍的语言交流。要想通过网络实现即时翻译，需要进行超大量的数据处理，同时对网络速度的要求也很高，而借助 5G 技术就可以实现这些功能。

（2）服务智慧观赛。

假如你打开电视，只看到了一名滑雪运动员在自由式滑雪空中技巧比赛中起跳的背影，这时你可以选择打开该项比赛的视频直播，使用即时回放功能定格运动员比赛时的镜头，并可以 360°自由旋转画面，这样就可以看到最清晰的正面动作。

通过 5G 网络，可利用"时间切片""时间冻结"的方式进行即时回放，这种即时回放的观赛效果或许可以出现在北京冬奥会的视频直播中。同时结合虚拟现实技术、增强现实技术、8K 直播，随时捕捉精彩镜头，给观众带来更清晰的观赛体验，让观众的观赛体验更佳。

（3）驱动智慧城市。

智慧城市中智慧网络的实现有利于大型赛事的开展。通过使用大量的传感设备对城市中尽可能多的设施进行感知，获取的感知数据通过通信技术上传云并存储，再通过城市超级智能计算机对数据进行详细分析，对城市中的公共出行、公共安全、金融服务、医疗健康等方面实现联网并做出相应服务，随时为比赛人员和观赛人员提供各种智慧服务支持。

3. 案例：改变体育发展的高科技

数据信息所蕴含的巨大潜力逐渐显露，体育产业也面临"大数据"带来的变革。

现今，篮球运动俱乐部已能够熟练分析、整理各类数据信息，大数据技术的使用及数据分析人员的加入使球队提高了训练质量，丰富了战术打法，提高了球队成绩，增强了品牌的影响力。大数据技术在比赛中发挥着越来越重要的作用。

在过去，球衣的改良、高速摄影技术和先进的数据统计分析已经改变了整个篮球运动，但这可能只是一个开始。科技公司的研究人员正在开发下一波的高科技工具，把篮球推向更高层次的发展。下面介绍三项在未来可能会应用的新技术，它们可以"优化"球员的身体，突破人类先天的限制。

（1）科技文身。美国的一家软件开发公司研制出了一种安置在人身上的设备，这种设备称为"科技文身"。它可以通过皮肤来获取运动员的投篮数据，如一位球员是在什么时候、什么地方、使用多大的力气来完成投篮的。设备也可以测量球员的健康状况并通过无线传输数据，给教练提供数据参考，并合理制定训练方案。

（2）360°蜻蜓视野。篮球场上的组织后卫如果有全场360°无死角视野会怎样？为此，澳大利亚的科学家已经研发出了一款能够真正用于扩大视野的蜻蜓仿生眼，投入使用后，传球真的不用看人了。

（3）刺激学习技术。球员通过头上佩戴的设备，直流电刺激头颅，投篮的时候脑部电流的通过可以快速完善动作。目前需要多年的训练量才能达到的目标,将来可能只需要几个小时就可以完成。

4. 案例:完美世界游戏探索 VR 云游戏,率先抢占 5G 新赛道

线上娱乐内容的需求旺盛,关于"宅经济"这个词语的讨论持续火热。随着中国 5G 技术快速稳步地推进,中国各大游戏公司也加快了云技术、VR 等线上游戏的布局速度[1]。

完美世界公司作为中国首个 3D 游戏引擎研发者,近十几年持续在网游、单机、主机、移动等不同类型的游戏领域积累技术实力,打造了《完美世界》《诛仙》《武林外传》等多款经典游戏。从 2017 年开始,完美世界致力于云游戏研发,推出《深海迷航》云游戏(见图 2.3.34),进入中国玩家的客厅娱乐生活。2019 年 3 月,完美世界与谷歌达成战略合作,积极探索包括云游戏、AR、VR 等在内的新的游戏类型;又与国内 5G、VR 等公司合作布局"5G+VR+云游戏"领域。

图 2.3.34 完美世界公司《深海迷航》云游戏

"VR 云游戏"采用目前游戏产业最前沿的技术,也是未来游戏的主要形态之一。利用云上服务器不需要下载客户端和 5G 传输技术的特点,玩家的

---

[1] 天极网 IT 新闻频道:《完美世界游戏探索 VR 云游戏,率先抢占 5G 新赛道》,2020 年 3 月 12 日。

VR设备成本将得到极大地压缩，玩家游戏体验将迎来突破式升级，VR硬件及内容服务也将迎来爆发。

百度数据的统计信息显示，2020年春节期间，关键字"云游戏"的搜索量同比增长和环比增长皆超过百分之百；而关键字VR同比增长218%，环比增长62%。估计在未来的很长时间内，5G云时代所影响的游戏行业将围绕"云+VR"迎来新的发展高潮（见图2.3.35）。

图 2.3.35　虚拟现实 VR 观看设备

5. 案例：电影《流浪地球》中出现的部分"硬科幻"已成为现实

2019年上映的一部国产电影《流浪地球》，凭借它的"硬科幻"特点获得大量好评。"硬科幻"是基于科学原理写成的科幻作品，有严谨的科学底蕴。这部电影中的哪些科幻场景已经有了一定的实现基础呢？

（1）人工智能换脸。《流浪地球》影片中的主人公刘启为办通行证"分分钟"完成换脸操作，这种换脸技术已经有了人工智能算法可以实现。

（2）超级计算机。《流浪地球》影片中会说话的计算机Moss，它的大脑是一台超级计算机，这台计算机在影片中表现出的人工智能性、高计算能力和分析判断力等功能给人们留下了深刻的印象。

实际上，世界上多个国家对高性能超级计算机的研究都进行了大力投入。超级计算机系统"天河二号"是由国防科技大学研制的，它以峰值计算速度每秒5.49亿亿次、持续计算速度每秒3.39亿亿次双精度浮点运算的优异性能位居榜首，成为2013年全球最快的超级计算机。最近两年这个位置属于"神威·太湖之光",它的峰值运算速度达到每秒 12.5 亿亿次,大体相当于 200 万台普通计算机同时运行。

(3)人工智能翻译器。在电影中,空间站工作的人员来自不同国家,语言不通却能够无障碍实时交流,主要是通过人工智能算法进行实时翻译。在现实生活中已经有这样的人工智能翻译产品,如有道人工智能翻译棒、搜狗录音翻译笔等(见图 2.3.36),它们支持多国语言翻译,但是体积并不大。

图 2.3.36 人工智能翻译棒

十、旅游信息化

旅游已成为人民群众美好生活中不可或缺的一部分,为践行党的十九大精神,满足人民日益增长的通信需求,全面落实智慧旅游发展战略,中国电信公司以网络覆盖提升为己任,积极开展 5G 规划和筹备,通过建设微基站的方式,开展 5G 试点建设工作。5G 网络部署和落地,将推动新型智慧城市的建设及智慧旅游的发展,结合 VR 全景直播技术,景区智慧化建设必将更上一层楼。

1. 景区体验升级

全国很多景区都在尝试使用 5G 网络结合 VR 智慧导览等高科技手段,对景区进行体验升级。

在河南省著名景点红旗渠,游客佩戴 VR 眼镜可通过 5G 网络随时随地体验当年修渠的场景。景区内的多个景点布设无人机摄像，获取的画面通过5G网络清晰回传，游客即使坐在室内也能观赏到美景。景区还引进5G网络和语音交互技术，景区内的智能机器人可以主动跟游客打招呼，并且可以提供景区引导、景区介绍、景区咨询、游客聊天等服务，还能根据人脸识别数据，迅速做出服务响应。景区还通过一款5G高清游记助手，协助游客编写游记，并根据游客拍摄的照片和视频，生成720°VR交互式视频和8K高清视频的全景游记（见图2.3.37）。

图 2.3.37　景区体验设备

2. 景区服务升级

为方便游客入园，景区的智慧化建设也在不断推进，游客通过使用微信或支付宝等网络渠道购票，刷身份证就可以入园。

山东省泰山景区已实现刷脸入园，这种形式主要用于多次入园的游客。泰山景区为售检票系统增加了人脸识别的功能，在游客首次入园通过闸机时，系统会自动采集人脸信息，在游客入园之后进行人脸比对。通过5G网络，采集游客面部信息的速度、数量大大提升，能够更快速、更精准地识别游客的身份（见图2.3.38）。

在每年的旅游旺季，热门景点的人流量往往非常大，游客一旦走散，找起来非常困难，如同大海捞针。山东省泰山景区则通过人脸识别系统解决了这一问题。泰山景区设置了51路脸谱智能摄像机，导入游客照片可快速比对跟踪，并自动生成游客进山游览轨迹和出现的每个时刻，迅速锁定游客位置。

人脸识别系统自从运行以来,泰山景区已查找走失游客 50 多次,受到游客好评。

图 2.3.38　景区刷脸系统

除此之外,泰山景区基于网络大数据、公安大数据和历史客流数据建立了客流预判机制,目的是便于科学地预测假日客流数据。比如,2018 年五一假期,放假前泰山景区机制预测的游客量为 13.7 万人次,假期内实际进山人数为 13.8 万人次,预测准确率高达 99%。2018 年十一黄金周,节前泰山景区机制预测的游客量为 28.8 万人次,实际进山人数为 28.1 万人次,预判准确率高达 97%。这种预判机制便于景区提前做好准备工作。

此外,泰山景区还与企业合作,率先研发、使用热力图指挥系统,在各景点通过布设人工智能摄像机,实时统计、反馈景区内各景点的游客量,并生成景区客流热力图,以方便景区及时采取分流疏导等措施。同时,最新科技鹰眼 AR 也被泰山景区引入,可对景区实施全景监控,从而达到区域立体联防联控。

3. 案例:5G+VR 让游客纵观黄山美景

通过中国电信安徽黄山分公司开通的两处 5G 基站,在安徽省黄山景区实现了 5G 智慧旅游。黄山景区通过 5G 网络环境在现场实时传输景区画面,实现 5G+VR 全景直播,可远程 360°VR 纵观黄山美景。该业务作为安徽省第一个被批准的 5G 网络智慧旅游应用测试成功,并率先试用。这次中国电信在黄山景区 5G+VR 全景直播技术测试中,两处 5G 基站通过连接下载速度是当前网络下载速度的 10 倍以上,远程观景图像清晰度高、稳定性好、传输流畅,调测结果良好。通过该项目可以让全省广大用户获得沉浸式体验,远程欣赏黄山美景,仿佛身临其境(见图 2.3.39)。

图 2.3.39　黄山全景直播旅游现场图

5G+VR 全景直播的流程是:专业全景采集设备—4G/5G/专线—推流数据中心—全球 CDN 云分发—终端直播浏览。全景直播先利用专业的全景拍摄设备进行全景视频的直播采集、拼接,然后通过 5G 高速网络专线进行内容输出,当我们把内容输出到网络上时,通过网络技术进行实时转码推流,利用 CDN 快速分发到全球任何一个观看者的终端服务器,用户就可以利用终端设备进行观看了。全景直播用户可以跟随镜头观看 360°的现场画面,并且可以跟随自己的意愿控制镜头的移动,就和进入现场的观感是一样的,普通直播只有一个角度,VR 全景直播可以观看所有角度的直播现场。

4. 案例:5G 红色 VR 党建+旅游直播

江西省文化和旅游厅等部门大力推进红色移动虚拟现实试点示范应用旅游,深入推进红色旅游与科技相融合,着力打造红色 VR 旅游示范区,做出特色、突出亮点,推动全省旅游产业高质量跨越式发展。江西联通携手南昌八一起义纪念馆打造了"5G 红色旅游示范区",成为江西省首个 5G+VR 红色旅游示范样板(见图 2.3.40)。

图 2.3.40 "5G 红色 VR 党建+旅游直播巡展"全景图

八一起义纪念馆"5G 红色旅游示范区"推出 5G+VR 红色旅游直播巡展，利用 5G 网络的高速特性与虚拟现实技术的沉浸感相融合，让外地游客可以通过互联网进行 VR 实景沉浸式直播参观，身临其境地了解南昌起义的历史背景、意义，真实感受南昌起义，领悟南昌起义精神和内涵。这种参观方式不但可以有效地缓解纪念馆因为游客多而带来的压力，而且便于将馆内各种珍贵的历史收藏向更多的人进行展示。通过馆内的 5G 覆盖还能为游客提供高速的下载体验。

第四节　信息化建设

当今世界，信息技术创新日新月异，以数字化、网络化、智能化为特征的信息化浪潮蓬勃兴起。没有信息化就没有现代化。适应和引领经济发展新常态，增强发展新动力，需要将信息化贯穿我国现代化进程始终，加快释放信息化发展的巨大潜能。以信息化驱动现代化，建设网络强国，是落实"四个全面"战略布局的重要举措，是实现"两个一百年"奋斗目标和中华民族伟大复兴中国梦的必然选择。

我国 2016 年发布的《国家信息化发展战略纲要》，是规范和指导未来 10 年国家信息化发展的纲领性文件，具体内容包括大力增强信息化发展能力、着力提升经济社会信息化水平、不断优化信息化发展环境、体制保障和组织实施4个方面[1]。

(一) 大力增强信息化发展能力

1. 发展核心技术，做强信息产业

信息技术和产业发展程度决定着信息化的发展水平。我国正处于从跟跑并跑向并跑领跑转变的关键时期，要抓住自主创新的"牛鼻子"，构建安全可控的信息技术体系，培育形成具有国际竞争力的产业生态，把发展的主动权牢牢掌握在自己手里。

（1）构建先进技术体系。制定国家信息领域核心技术设备发展战略，以体系化思维弥补单点弱势，打造国际先进、安全可控的核心技术体系，带动基础软件、核心元器件等薄弱环节实现根本性突破。积极争取并巩固新一代移动通信、下一代互联网等领域在全球的领先优势，着力构筑移动互联网、云计算、大数据、物联网等领域的比较优势。

（2）加强前沿和基础研究。加快完善基础研究体制机制，强化企业创新主体地位和主导作用，面向信息通信技术领域的基础前沿技术、共性关键技术，加大科技攻关。遵循创新规律，着眼长远发展，超前规划布局，加大投资保障力度，为前沿探索提供长期支持。

（3）培育壮大龙头企业。支持龙头企业发挥引领带动作用，联合高校和科研机构打造研发中心、技术产业联盟，探索成立核心技术研发投资公司，打通技术产业化的高效转化通道。深化上市发审制度改革，支持创新型企业在国内上市。支持企业在海外设立研发机构和开拓市场，有效利用全球资源，提升国际化发展水平。

（4）支持中小微企业创新。加大对科技型创新企业研发支持力度，落实企业研发费用加计扣除政策。完善技术交易和企业孵化机制，构建普惠性创

---

[1] 中国政府网：《政务，国家信息化发展战略纲要》，2016年7月。

新支持政策体系。完善公共服务平台，提高科技型中小微企业自主创新和可持续发展能力。

2. 夯实基础设施，强化普遍服务

泛在先进的基础设施是信息化发展的基石。要加快构建陆地、海洋、天空、太空立体覆盖的国家信息基础设施，不断完善服务，让人们通过网络了解世界、掌握信息、摆脱贫困、改善生活、享有幸福。

（1）统筹规划基础设施布局。深化电信业改革，鼓励多种所有制企业有序参与竞争。统筹国家现代化建设需求，实现信息基础设施共建共享，推进区域和城乡协调发展。加强信息基础设施与市政、公路、铁路、机场等规划建设的衔接。

（2）增强空间设施能力。围绕通信、导航、遥感等应用卫星领域，建立持续稳定、安全可控的国家空间基础设施。建设天地一体化信息网络，增强接入服务能力，推动空间与地面设施互联互通。统筹北斗卫星导航系统建设和应用，推进北斗产业化和"走出去"进程。加强陆地、大气、海洋遥感监测，提升对我国资源环境、生态保护、应急减灾、大众消费及全球观测的服务保障能力。

（3）优化升级宽带网络。扩大网络覆盖范围，提高业务承载能力和应用服务水平，实现多制式网络和业务协调发展。加快下一代互联网大规模部署和商用，推进公众通信网、广播电视网和下一代互联网融合发展。加强未来网络长期演进的战略布局和技术储备，构建国家统一试验平台。积极开展第五代移动通信（5G）技术的研发、标准和产业化布局。

3. 开发信息资源，释放数字红利

信息资源日益成为重要的生产要素和社会财富，信息掌握的多寡、信息能力的强弱成为衡量国家竞争力的重要标志。当前，我国信息资源开发利用不足与无序滥用的现象并存，要加强顶层设计和系统规划，完善制度体系，全面提升信息采集、处理、传输、利用、安全能力，构筑国家信息优势。

加强信息资源规划、建设和管理，提高信息资源利用水平，建立信息资源基本制度体系。

4. 优化人才队伍，提升信息技能

人才资源是第一资源，人才竞争是终极的竞争。要完善人才培养、选拔、使用、评价、激励机制，破除壁垒，聚天下英才而用之，为网信事业发展提供有力的人才支撑。

造就一批领军人才，壮大专业人才队伍，推广订单式人才培养，建立信息化人才培养实训基地。完善人才激励机制，建立健全科技成果知识产权收益分配机制。提升国民信息技能。

5. 深化合作交流，拓展发展空间

互联网真正让世界变成了地球村，让国际社会越来越成为"你中有我、我中有你"的命运共同体。要积极开展双边、多边国际交流合作，共同应对网络安全面临的挑战，共同维护网络空间的公平正义，共同分享全球信息革命的机遇和成果。

深化国际合作交流，参与国际规则制定，拓展国际发展空间。推进"一带一路"倡议，促进信息化发展，共建国际网络新秩序。

（二）着力提升经济社会信息化水平

1. 培育信息经济，促进转型发展

加快建设数字中国、大力发展信息经济是信息化工作的重中之重。要围绕推进供给侧结构性改革，发挥信息化对全要素生产率的提升作用，培育发展新动力，塑造更多发挥先发优势的引领型发展，支撑我国经济向形态更高级、分工更优化、结构更合理的阶段演进。

推进信息化和工业化深度融合，加快实施制造强国战略，推动工业互联网创新发展。加快推进农业现代化。推进服务业网络化转型。促进区域协调发展，转变城镇化发展方式，破解制约城乡发展的信息障碍，促进城镇化和新农村建设协调推进。夯实发展新基础，推进物联网设施建设，优化数据中

心布局,加强大数据、云计算、宽带网络协同发展,增强应用基础设施服务能力。优化政策环境,设立国家信息经济示范区。

2. 深化电子政务,推进国家治理现代化

适应国家现代化发展需要,运用信息化手段感知社会态势、畅通沟通渠道、辅助科学决策。持续深化电子政务应用,着力解决信息碎片化、应用条块化、服务割裂化等问题,以信息化推进国家治理体系和治理能力现代化。

服务党的执政能力建设,提高政府信息化水平,服务民主法治建设,提高社会治理能力,健全市场服务和监管体系,完善一体化公共服务体系,创新电子政务运行管理体制。

3. 繁荣网络文化,增强国家软实力

互联网是传播人类优秀文化、弘扬正能量的重要载体。要始终坚持社会主义先进文化前进方向,坚持正确舆论导向,遵循网络传播规律,弘扬主旋律,激发正能量,大力培育和践行社会主义核心价值观,发展积极向上的网络文化,把中国故事讲得越来越精彩,让中国声音越来越洪亮。

提升网络文化供给能力,实施网络内容建设工程。提高网络文化传播能力,加强网络文化阵地建设,规范网络文化传播秩序。

4. 创新公共服务,保障和改善民生

围绕人民群众最关心、最直接、最现实的利益问题,大力推进社会事业信息化,优化公共服务资源配置,降低应用成本,为老百姓提供用得上、用得起、用得好的信息服务,促进基本公共服务均等化。

推进教育信息化,加快科研信息化,推进智慧健康医疗服务,提高就业和社会保障信息化水平,实施网络扶贫行动计划,构建网络扶贫信息服务体系,建立扶贫跟踪监测和评估信息系统。

5. 服务生态文明建设,助力美丽中国

建设生态文明是关乎人民福祉和民族未来的长远大计。要着力破解资源

约束趋紧、环境污染严重、生态系统退化问题，构建基于信息化的新型生态环境治理体系，加快建设天蓝、地绿、水净的美丽中国。

创新资源管理和利用方式，构建新型生态环境治理体系，健全环境信息公开制度，促进生态环境根本性改善。

（三）不断优化信息化发展环境

1. 推进信息化法治建设

依法推进信息化、维护网络安全是全面依法治国的重要内容。要以网络空间法治化为重点，发挥立法的引领和推动作用，加强执法能力建设，提高全社会自觉守法意识，营造良好的信息化法治环境。

完善信息化法律框架，有序推进信息化立法进程，加强执法能力建设。理顺网络执法体制机制，明确执法主体、执法权限、执法标准。

2. 加强网络生态治理

网络空间是亿万民众共同的精神家园。网络空间天朗气清、生态良好，符合人民利益。坚持正能量是总要求、管得住是硬道理，创新改进网上正面宣传，加强全网全程管理，建设为民、文明、诚信、法治、安全、创新的网络空间，使网络空间清朗起来。

强化互联网管理，形成全社会参与的治理机制，维护公民合法权益，依法打击网络违法犯罪。

3. 维护网络空间安全

树立正确的网络安全观，坚持积极防御、有效应对，切实维护国家网络空间主权、安全、发展利益。

维护网络主权和国家安全，确保关键信息基础设施安全，强化网络安全基础性工作。加强网络安全基础理论研究、关键技术研发和技术手段建设，增强全社会网络安全意识和防护技能。

（四）体制保障和组织实施

加强统筹协调，有力整合资源，形成推进合力，切实将各项战略任务落到实处，确保战略目标如期实现。

加快完善产业、财税、金融、科技、教育等领域配套政策措施，加大财政投入和管理，重点支持关键性、基础性、公共性领域的信息化建设和网络安全保障。加大政府购买服务力度，创新信息化投融资机制，在信息化领域实行有利于商业运作、持续运营的政策，为社会投资参与创造条件。

建立和完善信息化统计指标体系，加强信息化统计监测和评估工作，组织开展战略实施年度检查与绩效评估。加大信息化工作考核力度，将考核结果作为评价有关领导干部的内容。

在当前大数据、云计算等新一代信息技术的背景下，企业要根据国家发展规划，紧跟新技术发展，依据自身的类型和信息化基础，合理应用新技术、新平台，根据企业特点制定信息化建设方案，完成企业信息化建设、改造、优化、升级，逐步实现企业的数字化、智能化、网络化。

21世纪已然成为信息化世纪，信息技术产业成为当今全球经济发展最为迅速的产业之一，信息技术的迅猛发展给人类社会发展带来了前所未有的冲击，正在推动一场巨大的变革，信息技术水平已经成为衡量一个国家科技水平的重要标志。随着计算机技术、网络技术和人工智能技术的不断发展，信息系统正朝着网络化、智能化的方向快速发展。

03 信息化生活

Informational

——"I 时代"的智能生活

内容简介

我国自 20 世纪 90 年代接入互联网以来，信息技术得以快速发展，很多传统的生活方式也随之改变。目前,我国已经进入信息化时代——Information Era，简称"I 时代"。这个时代以经济全球化为重要特征，以合作共享、协作竞争为主要业态。在"十三五"收官和"十四五"开端的交汇点，信息化对生活的影响日趋显著。正确认识信息化社会发展趋势，客观思考智能生活带来的科技和产业链变革，才能更有利于一个区域、一个单位、一个个体的创新与进步。鉴于此，本模块从生活中的衣、食、住、行、游、娱、购、防 8 个方面介绍"I 时代"的智能生活。

内容导读

☆ "衣"——信息化引领服装穿戴新时尚

☆ "食"——信息化催生餐饮服务新业态

☆ "住"——信息化开启智能建筑新时代

☆ "行"——信息化推动交通出行更便捷

☆ "游"——信息化开拓旅游行业新应用

☆ "娱"——信息化掀起文化娱乐新浪潮

☆ "购"——信息化带动线上购物新模式

☆ "防"——信息化筑牢数据安全新屏障

本章引言

随着科技的快速发展，信息技术变革给人们以全新的生活方式及生活体验。物联网、大数据、云计算等技术为我们提供了智能化选择，自由定制的衣食住行给我们提供了个性化生活解决方案。"I时代"的万物、数据与人之间的实时连通，为生活在这片土地上，拥有健康的生活理念、追求生活品质的人们提供了更细致贴心的健康管理和生活服务，给传统生活带来了前所未有的冲击和变革，人们期待已久的"I时代"智能生活已经渐行渐近。目前，我国正处在经济高速发展的关键时期，正确认识智能生活，审慎客观地思考基于智能生活的科技和产业链，既要看到对我们的生活带来的积极效应，也要重视它的负面影响，扬其长避其短，才能更有利于社会的进步与发展。

第三章　信息化生活——"I 时代"的智能生活

第一节　从科幻到现实：走进信息化生活

一、信息化塑造生活新内涵

历览全球信息化发展历程，从最初的冯·诺依曼提出的计算机输入、计算机输出、计算器、控制器和存储器五个基本部分，到如今的纳米、大数据、云计算、物联网织就的智能生活信息网，信息化将人们生活的物理世界与数字世界连在了一起。比如，借助虚拟现实技术体验模拟场景，借助移动终端实现生活缴费、智能出行、线上购物、网络学习、信息共享等。数字化时代已经将一条条的信息链路根植于我们的生活之中，与机器革新和产业转型相比，信息化变革对人们生活的影响范围更广、程度更深[1]。

20 世纪 90 年代末，一本名为《数字化生存》（见图 3.1.1）的书风靡世界。书中描述了一个虚拟的、数字化的活动空间，人们在这个空间里使用信息化的技术从事工作、学习等各种活动[2]。

现在，此书中的许多预言已变成现实，信息技术所发挥的作用已经融入衣、食、住、行等生活的各个方面，改变了人们的生活方式，成为生活中不可或缺的一部分。信息技术的发展带动了整个社会政治、经济、生活、管理等方面全方位的提高。

图 3.1.1　《数字化生存》封面

---

[1] 新华网：《信息化催生全新生活方式数字网络世界的雏形已出现》，2019 年 6 月 21 日。
[2] 人民网：《大家手笔：让信息化服务于人》，2019 年 6 月 21 日。

二、我国信息化生活现状

我国从 1993 年开始推进信息技术建设。当时信息高速公路建设在全球快速展开，我国也借助互联网技术迎来了信息化建设的高速发展时期。1993 年 12 月，国务院成立了国民经济信息化联席会议办公室，统筹推进全国的信息化建设工作。

2015 年 7 月，国务院印发了《关于积极推进"互联网+"行动的指导意见》，信息技术借着"互联网+"的春风，迈入黄金发展阶段。2017 年 10 月，习近平总书记在党的十九大报告中提出，要善于运用互联网技术和信息化手段开展工作。信息技术进入了广泛的推广应用时期。

中国互联网信息中心于 2021 年 2 月 3 日发布的第 47 次《中国互联网发展状况统计报告》显示，截至 2020 年 12 月，中国网民规模为 9.89 亿人，互联网普及率达 70.4%；手机网民规模达 9.86 亿人，网民每周上网时长平均超过 30 小时。这一系列数字意味着信息化时代数字中国建设带来了产业新跨越、经济新发展、生活新变革。

信息化对人们生活的影响是全面的、深远的。它将人们的生活领域从"衣食住行"拓展到了"衣食住行游娱购防"。多元化的信息服务带给人们全新的信息化生活体验，满足了人们的个性化需求，同时建立了信息安全系统，为信息化生活提供了保障。放眼未来，在信息化快速发展的浪潮下，大数据、云计算、区块链、VR 等技术将会把人们带入一个新的数字领域。特别是人工智能、5G 技术的应用，将全方位改变社会面貌，催生全新的生活方式[1]。

名词释义

网民规模："网民"泛指所有通过计算机和互联网进行网络活动的人。中国互联网络信息中心对"网民"的定义是：网民即互联网网民，指平均每周使用互联网至少 1 小时的中国公民。网民规模指网民数量。

---

[1]《人民日报》：《信息化催生全新生活方式（顺势而为）》，2019 年 6 月 21 日。

三、信息化带来生活新变化

信息对人们的生活越来越重要，信息技术的进步极大地改变了人们的工作、学习、生活、娱乐、购物等方式。"十三五"是信息化发展较快的五年，人们的生产生活方式快速变化，这受益于人类智慧的拓展、国家财富的积累、人民素质的提高。比如，之前办理银行存款业务，需要到柜台排队，如今只要打开手机银行，点击银行 App 即可进行自助办理；再如，到银行提取现金，已不需要到柜台排队，只需拿着银行卡找到 ATM 机即可。

当前，我国已经进入信息化时代（Information Era），简称"I 时代"。信息化时代将是一个经济全球化的时代，是合作共享、协作竞争的时代。本章将从生活中的衣、食、住、行、游、娱、购、防 8 个方面详细介绍"I 时代"的智能生活。

第二节 "衣"——信息化引领服装穿戴新时尚

服饰是人类文明发展过程中最早的成果之一，记录和承载着人类对美好生活的向往和追求。数千年来，服饰随着岁月的更替不断地发生着变化。党的十九大报告指出："要抓住人民最关心最直接最现实的利益问题。"要朝着实现全体人民共同富裕的目标不断迈进，实现人们对美好生活的向往。

作为生活的重要组成部分之一，服装业是较早被互联网技术渗透的产业。随着科学技术的发展，信息化背景下的"衣"被植入了越来越多的高科技技术，充分体现了对文化内涵的表达，对科技成果的运用，对时尚潮流的把握，对环保理念的展现及对市场规则的熟知与掌握。"衣"方面的"大智慧"逐渐显露，个性化定制、虚拟试衣等信息化工具逐渐走进大众的生活。购买方式也由传统意义上的一对一、面对面现场交易，发展成了网络化、社区化等多样化的买卖形式。人们在日常生活中正享受着信息技术带来的智能化生活红利。

一、个性化定制

服装业在信息技术的发展过程中不断推陈出新。个性化定制是近几年发展起来的一个新模式，不少服装企业都涉足了个性化定制领域。与批量制作不同，服装定制不仅仅满足于把衣服做出来，还可以对面料、针法、兜型、肩型、是否开襟、是否收腰等进行选择。买家选择下单之后，系统自动生成模板，传至工厂车间进行加工制作[1]。在淘宝、京东等综合平台商城，个性化定制店铺业务已经铺开，并初具规模。如百度的"爱采购"私人服装定制业务在快速发展（见图3.2.1）。

图3.2.1　百度"爱采购"页面截图

二、虚拟试衣

虚拟试衣使企业实现了批量生产，降低了成本[2]。通过虚拟现实（VR）技术，人们可以选择虚拟模特代替自己试穿衣服；使用增强现实（AR）技术还可以体验穿上服装的感觉、感受面料的质量等。目前，很多相关企业建立

---

1 蔡若愚：《衣食住行中的"互联网+"》，《中国经济导报》，2015年12月19日。
2《人民日报》：《创造更好的数字化生活（人民观察）》，2019年6月21日。

了客户 3D 模型数据库，里面存储了不同体型、身材、体重的虚拟模特数据，客户根据自己的身材选取相应的模特即可进行体验。

> **名词释义**
>
> 虚拟现实（Virtual Reality，VR）技术，又称灵境技术，是于 20 世纪发展起来的一项全新的实用技术。虚拟现实技术集计算机技术、电子信息技术、仿真技术于一体，其基本实现方式是计算机模拟虚拟环境，从而给人以环境沉浸感。

目前有不少购物网站推出了虚拟试衣与信息化营销手段相结合的营销模式。先使用蘑菇街、明星衣橱等时尚导购类工具，了解时尚买手或明星的穿衣搭配风格，在提升审美情趣的同时，催生消费者的购物欲望。消费者还可通过线上试衣类工具进行在线试衣，参考穿衣效果。备受年轻人青睐的优衣库推出网上"虚拟试衣间"，可通过选择设置虚拟模特，试穿不同款式的衣服（见图 3.2.2），带给用户全新的试衣体验。

图 3.2.2　优衣库虚拟试衣间官网截图

京东商城推出了智能体感试衣镜，消费者只需站在屏幕前，以简单的手势操作即可（见图 3.2.3）。该设备支持人脸识别和身材测量，并根据商品的库存情况，给出颜色和尺码等数据供客户选择。消费者试穿满意后可直接下单支付。

图 3.2.3　京东智能体感试衣镜

三、智能穿戴设备

智能穿戴设备是一种可以佩戴在身上或者整合到衣服中的微型设备，能够通过软件与远程处理器进行数据交互。互联网数据中心（Internet Data Center，IDC）发布的数据显示，智能穿戴设备市场在未来 5 年的混合年增长率将达到 13.4%，2020 年的全球出货量约 2.2 亿台。智能眼镜、智能手环等是常见的智能穿戴设备。

1. 智能眼镜

某城市，王警官戴着一副"墨镜"在广场执勤，在熙熙攘攘的人群中捕捉可疑面孔。他将墨镜朝向一名形迹可疑的男子，轻轻按了两下手中的遥控器，两张清晰的照片瞬间传回后台云服务系统。很快，王警官的镜片显示屏上便显示出一串信息：姓名、年龄、相似度……

王警官所佩戴的是一款智能警用眼镜，它能在拍摄的照片中获取人物的穿着、体态、发型等信息并进行识别。目前该装备已在公安部门试点使用[1]。

2. 智能球探

在 2018 年 7 月的全国青少年足球邀请赛上，每个小球员都带了一个植入

---

1 腾讯大渝网：《智能化从衣食住行改变我们的生活》，2018 年 7 月 16 日。

球员传感器的臂带。通过它,可以随时了解球员的心率、运动量、运动负荷、能量消耗等数据。它能够实时跟踪球员的身体状态,合理制订训练计划,优化上场阵容。

3. 智能手环

重庆黄女士一岁多的儿子感冒发烧,她工作繁忙,无法时刻在孩子身边照顾,便给儿子戴了一个智能手环。如果孩子体温异常,黄女士的手机就会接到手环报警。这个手环的重量只有 30g,测温精度可以达到 ±0.1℃。智能手环对应的 App 里还能记录孩子的脉搏、步数等信息。

第三节 "食"——信息化催生餐饮服务新业态

幸福与健康是人类永恒不变的追求。大健康观是围绕着每一个人的衣食住行和生老病死进行全面呵护的理念,即"为人民群众提供全方位全周期健康服务"。饮食是影响身体健康的因素之一,吃得放心、吃得有营养、吃得更健康,是大健康观的基础。

一、饮食工具

"饮食男女,人之大欲存焉"。几千年前人们就已经将"吃"的问题摆在了首位。信息技术推动了饮食文化的进一步发扬。饮食搭上了信息化的"快车",带给消费者便利和新鲜的感受。人们只需要打开手机中的相关应用工具,就能立刻找出附近的美食(见图 3.3.1)。

图 3.3.1 手机美食应用工具

1. 订餐方便快捷

近几年,大众点评、美团等多种多样的美食应用 App 走进大众生活。以美团为例，网上订餐、预定外卖方便快捷。购买餐券的操作步骤如下。

步骤一：打开美团 App（见图 3.3.2）。

步骤二：选择餐厅（见图 3.3.3），点击自己想要的餐券（见图 3.3.4）。

图 3.3.2　美团 App 首页　　　　图 3.3.3　选择餐厅

步骤三：在弹出界面上点击"立即抢购"（见图 3.3.5），选择数量后点击"提交订单"（见图 3.3.6）。

图 3.3.4　选择餐券并抢购　　　　图 3.3.5　立即抢购

步骤四：付款（见图 3.3.7）。

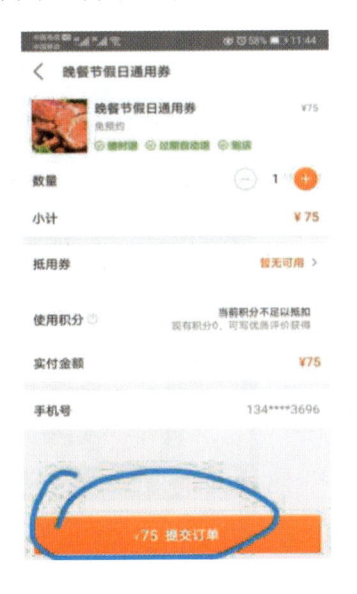

图 3.3.6　提交订单　　　　图 3.3.7　付款

目前，很多企业和餐厅进驻了美团。如山东武城的英潮集团，它在美团外卖平台主推"虎邦辣椒酱"，该产品是德州职业技术学院专业教师团队为企业量身定做的品牌策划，获得了 2018 年（新加坡）全球品牌策划大赛金奖（见图 3.3.8）。

图 3.3.8　"虎邦辣椒酱"品牌策划荣获 2018 年（新加坡）全球品牌策划大赛金奖

"虎邦辣椒酱"绑定于多个外卖套餐，订餐时可根据需要自助选购辣椒酱，该方案取得了很好的销售效果（见图 3.3.9）。

2. 线上订餐优惠

如何既能从网上订餐还能享受优惠呢？美食优惠券类平台提供全国连锁

餐饮企业的电子优惠券,包含麦当劳、肯德基等品牌(见图3.3.10)。人们到相关餐厅消费时,出示电子优惠券即可享受打折优惠。

图3.3.9　虎邦辣椒酱品牌策划　　　　图3.3.10　电子优惠券

3. 美食分享

和志同道合的朋友一起享用美食是人生一大乐趣,美食推荐类应用——美食达人、食神摇摇应运而生。美食达人是一个基于LBS(位置的服务)的手机App,使用它可以随时对发现的美食进行拍照、上传,分享给好友。美食达人能够抓住人们最关心的"美食"问题,分享自己的美食体验,聚集志同道合的"食友",给朋友聚餐提供了更多选择。

4. 在家烹饪

图3.3.11　美食杰官网截图

在外就餐感受到街道的车水马龙、饭店的灯红酒绿,而在家烹饪食材可以享受那份与亲友相处的快乐心情,是人生的一大乐事。美食菜谱分享工具有美食杰、网上厨房等。美食杰是一款菜谱交流类应用App,它在方便用户寻找菜谱的同时,还支持独创菜谱。使用美食杰,我们都可以变身为大厨(见图3.3.11)。

二、无人餐厅

2018 年以来，智能化的无人餐厅在重庆等地兴起，与"盒马鲜生"不同的是，这些餐厅没有营业人员。顾客来到餐厅后，通过智能餐桌完成点菜，厨房会同步接收点菜信息；厨师将菜品烹饪完成后，由送餐机器人根据设定的程序为顾客送餐。送餐机器人通过雷达扫描整个工作场地，准确分辨每一张智能餐桌的定位，及时避让障碍物，完成送餐。之前 100 平方米的餐厅需要招聘 4 个服务员，如今只需要一个机器人提供服务即可，人力成本大幅降低（见图 3.3.12）。

三、智能大厨

在 2019 年 4 月 18 日开幕的上海国际进出口技术交易会上，亮相了一款"爱餐"牌人工智能炒菜机器人"味霸"。只要将切好的食材放入炒菜机器人，选择对应菜谱和口味，点击"开始炒菜"，就可以开启烹饪模式，做出美味的大餐（见图 3.3.13）。

图 3.3.12　机器人送餐　　　　图 3.3.13　炒菜机器人

第四节　"住"——信息化开启智能建筑新时代

近年来，在不断提升住房质量、保护居民住房刚性需求的前提下，各级政府十分重视利用信息技术优化居民住房质量，增强居民的归属感、获得感和幸福感。

随着电子政务、电子商务等信息化手段的推进,人们对住房的舒适性、智能性等方面的要求不断更新。私人家居定制、智能电器、智能门锁等逐渐走入人们的生活。应用物联网、大数据和人工智能等技术的智能建筑也在不断地更新迭代、推陈出新。IBM 公司的一项研究结果显示,到 2025 年全球将有 20%的互联网设备接入智能建筑,届时各种家电都可接入手机 App——照明、空调可通过识别周围环境自动开关;冰箱能够提醒人们食物的保质期;电视、音响、窗帘、门锁等信息化家居设备将实现安防、节能、娱乐、养老监护等多种功能。信息化的发展将使"日常居家"变为"智能居家"。

一、租房

目前,信息技术带动居家生活逐步向智能化发展,并且已经取得了一定的效果。租房、装修、搬家、水电维修等通过一部手机就能全部完成。当派驻外地工作、原住房拆迁、新公司创立时,我们首先想到的就是租房。随着信息技术的不断发展,各种租房 App、小程序如雨后春笋般涌现,比较常用的就是普通租房类的应用,如 58 同城、赶集网、链家等。

58 同城是出现比较早的租房应用。2015 年,58 同城和赶集网两家合并为 58 赶集,租房业务迅速发展,租房功能日渐成熟,地图找房、通勤找房、直播找房等功能贴近人们需求(见图 3.4.1)。

图 3.4.1　58 赶集官网截图

58同城还推出了聊天找房功能,用户可以联系客服,提出租房需求,软件会根据用户的要求为其推荐合适的房源。使用58同城租房时尽量选择浏览标注了"安选"的房源,真实性会更高。

安居客也是一款租房工具,类似于精简版的58同城(见图3.4.2)。

链家是综合类专业租房工具,企业房源较多,主打中高端市场。手机App界面设计简洁美观,客户交互方便。链家App提供大量的房源详情图,对部分房源还提供了房屋规划图(见图3.4.3)。

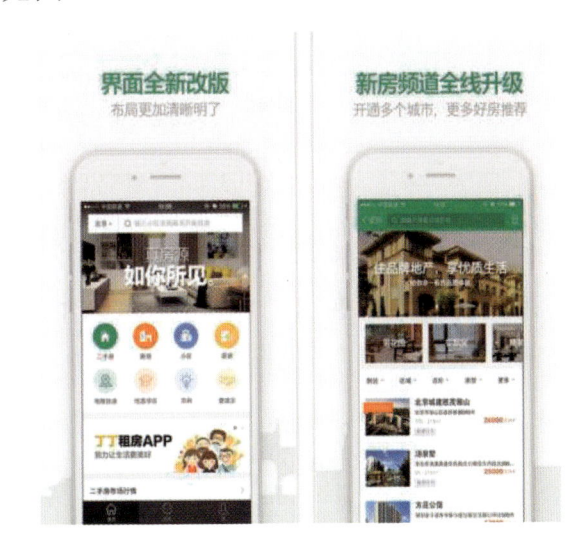

图 3.4.2　安居客官网截图　　　　图 3.4.3　链家官网截图

二、装修

2019年12月召开的中央经济工作会议继续坚持"房子是用来住的,不是用来炒的"这一定位,刚需买房人群增加。人们买房后的第一需求便是装修。信息化时代的装修不再需要"累断腿、磨破嘴"地逛装修市场了,使用信息化工具,选择网上装修更便捷。

爱空间的定位为"史上最快的互联网装修"。雷军为爱空间注资6000万元,并提出"专注、极致、口碑、快"的"七字诀"。爱空间推出的"每平方米装修单价为699元、20天完工"的口号,赢得了很多客户(见图3.4.4)。

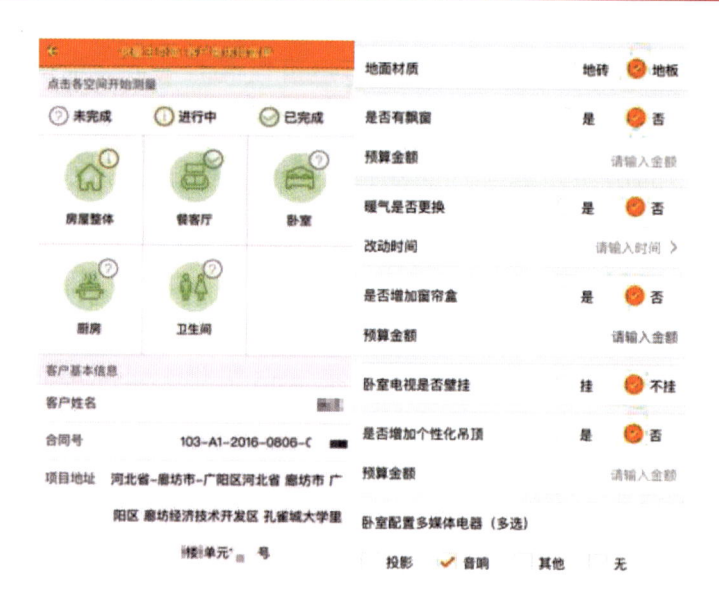

图 3.4.4　爱空间官网截图

积木家主打低价装修。它不建展厅，没有销售型设计师，致力于给客户最低的装修价格——推出了 599 元/平方米的装修单价。积木家的定位为"性价比高的互联网装修"（见图 3.4.5）。

图 3.4.5　积木家官网截图

三、搬家

对于要改善住房条件、需要更换新房的人群来讲，信息化的搬家工具更贴心。一号货车、吉米搬家等新兴互联网公司，给用户搬家提供了方便。

一号货车提供定位服务，用户整理完物品后拿出手机，输入地址，就可以看到周围的货车数量；选择了货车类型、搬家时间等要求后，就能看到预计的搬家时间和费用（见图3.4.6）。

吉米搬家提供搬家和打包的服务，工作人员免费提供打包纸箱，并进行搬家前后的物品收纳和还原，给客户提供了很多的便利（见图3.4.7）。

图3.4.6　一号货车App页面截图　　图3.4.7　吉米搬家App——选择车型和司机

四、居家应用

无论我们搬新房还是住旧居，总会遇到水电暖缴费、安装、维修等问题，而一部手机就可以解决居家生活中的很多问题。

1. 网上缴纳水电费

使用支付宝的"生活缴费"功能可以实现线上缴纳水电费。联系供水、供电公司，获取自己家的水、电账号；绑定支付宝"生活缴费"模块，即可实现欠费提醒、线上缴费等功能。操作步骤如下。

步骤一：打开手机上的支付宝，在首页找到"生活缴费"模块，点击进入（见图3.4.8）。

步骤二：在"新增缴费"中选择"水费"（见图3.4.9）。

图3.4.8　在支付宝App中选择"生活缴费"　　图3.4.9　在"新增缴费"中选择"水费"

步骤三：选择供水公司（见图3.4.10）。

步骤四：填写小区和住房的名称编号等信息（见图3.4.11）。

图3.4.10　选择"供水公司"　　　　　　图3.4.11　填写信息

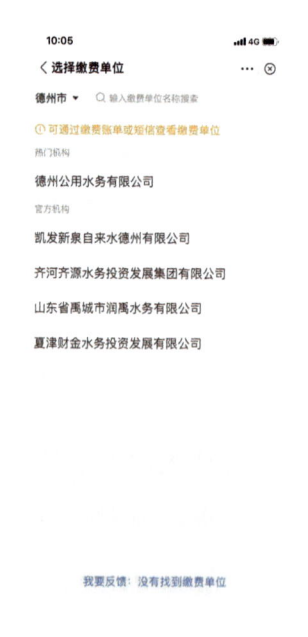

步骤五：返回"生活缴费"界面，点击刚添加的"水费"，进入付款页面（见图 3.4.12）。

步骤六：输入金额，付款（见图 3.4.13）。

图 3.4.12　选择新添加的"水费"　　图 3.4.13　立即缴费

2. 水电安装及维修

如果家里有水电暖安装、维修方面的问题，也可借助信息化手段解决。如万能小哥 App，提供家庭水电维修等服务。如果家里的电路、水管、家电等出现了问题，输入需要维修的信息，平台就会派人上门维修。使用步骤如下。

步骤一：打开万能小哥 App，在首页可看到各项服务业务（见图 3.4.14）。

步骤二：点击"搜索栏"，根据需要选择服务业务（见图 3.4.15）。

步骤三：根据详细的服务价格、收费标准进　图 3.4.14　万能小哥 App 首页

行选择并付费（见图 3.4.16）。

图 3.4.15　选择业务

图 3.4.16　付费

五、智能家居

智能家居市场研究公司 Zion 发布的《智能家居市场：2016—2022 年全球产业发展分析预测的报告》显示，2016 年全球智能家居市场规模约 241 亿美元，2012—2016 年的年均复合增长率为 42%，预计到 2022 年市场规模将达到 534.5 亿美元，2017—2022 年的年复合增长率高于 14.5%，呈现极为迅速的发展态势[1]。

智能家居不断提升人们的生活质量，各类家用电器注入信息化元素后可增加音控或手机遥控功能，照明设备和空调可识别环境条件自动启动或关闭，电冰箱可以提醒人们所储存食品的保质期，其他一些家居设备将实现安防、节能、娱乐、养老监护等多种功能。

---

[1] 数智王：《报告：2022 年全球智能家居市场规模达 534.5 亿美元》，2018 年 9 月 8 日。

第三章 信息化生活——"I 时代"的智能生活

> **名词释义**
>
> 智能家居：以住宅为平台，利用综合布线技术、网络通信技术、安全防范技术、自动控制技术、音视频技术将家居生活有关的设施集成，构建高效的住宅设施与家庭日程事务的管理系统，提升家居的安全性、便利性、舒适性、艺术性，并实现居住环境的环保节能。

1. 智能家居系统

智能家居需要综合性的技术组合。利用计算机技术设计出各个通信模块，利用网络通信技术设定各个模块之间的通信协议，利用综合布线技术完成有线和无线的布线系统，利用人体工程学原理设计家具的造型，再结合用户个性化需求，设计出一套能满足家庭日常生活需求的家居系统。用户能够通过设计好的家居系统移动终端操控各种家庭设备，实现设备之间通信；通过设计个性化运行方案，各种智能家居设备就可以按照方案自动运行。在终端操控软件上，用户可以随时随地开关电视（见图 3.4.17）、空调、照明设备等，还可以设定好电饭锅、高压锅、微波炉等的运行时间，自动实现饭菜的制作（见图 3.4.18）。有些智能家居系统还有检测报警功能，对外来人员的入侵、突发的火灾、煤气的泄漏等情况进行检测，发现意外情况时自动拨打报警电话，还能将现场画面实时传递给用户移动终端，监控现场情况。

沃伟思科技有限公司开发的"全屋智能系统"可以为家具和电器植入芯片，用户通过手机 App 对其进行控制。其智能灯光系统能够记住用户的回家时间，通过检测室内光线的强弱适时调节灯光强度，迎接用户回家。

图 3.4.17　控制电视　　　　图 3.4.18　智能家居室内终端

该智能家居系统还集成了水质监测、甲醛监测等功能，检测水质和室内空气质量，让智能家居兼顾绿色生态（见图3.4.19）。

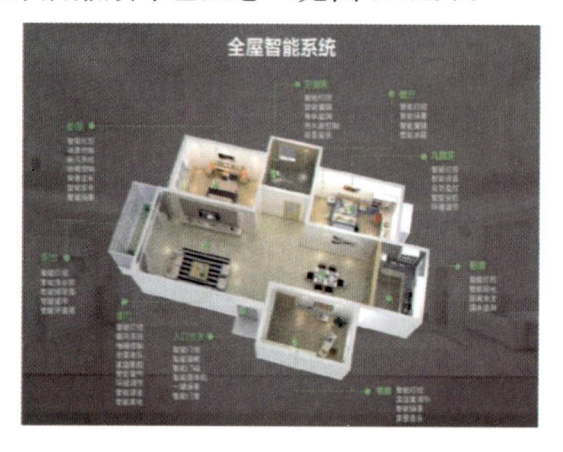

图3.4.19　全屋智能系统示意图

2. 智能安防系统

近年来，很多居民小区都安装了摄像头、门禁、报警器等信息化管理设备，以提高安防水平。比如，赛格安防科技有限公司推出的"赛格智能云安防管理系统"。该系统利用信息技术对居民小区进行智能管理，能为物业工作人员科学排班，实现全方位的工作监控；智能评估小区对员工的需求量，对于任务量较轻的岗位进行合并，提出员工调整方案，供物业公司优化人员管理。该系统与小区内的视频监控、报警器、门禁、智能测温仪等设备相连，并在后台显示信息数据。管理人员可以通过手机实时查看设备运行情况，发现异常可及时处理。在新冠肺炎疫情防控期间，最大限度地保障了管理人员的安全（见图3.4.20）。

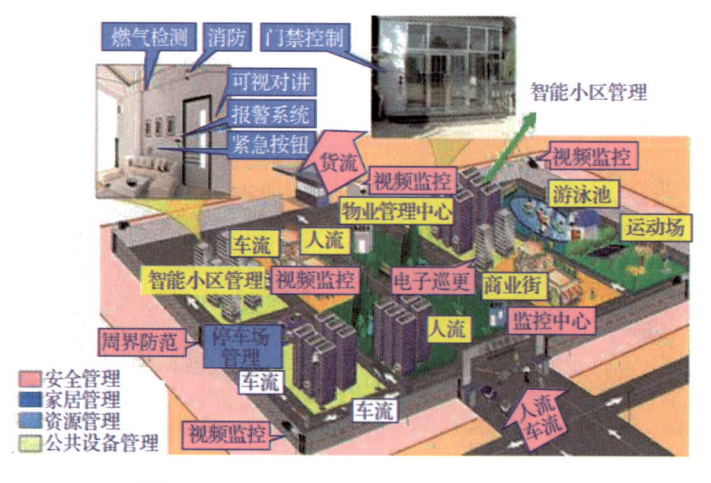

图3.4.20　居民小区智能管理示意图

第五节 "行"——信息化推动交通出行更便捷

"千里之行始于足下",依托信息技术,通过细分领域、精准定位、个性服务,如今的交通出行更加快捷、便利。

"行"的领域覆盖面相当广泛:有机票预订类的携程、航旅纵横等;有火车票预订类的铁路 12306、高铁管家等;有旅行规划类的马蜂窝、艺龙旅行、去哪儿等;有地图导航类的百度地图、高德地图等;还有公交查询类的搜狗公交、爱帮公交等。这些交通出行工具提供深度个性化服务,让交通出行更加便利。

一、出行导航

我们以常用的百度地图为例。打开百度地图 App,语音输入"小度小度",即可调用百度地图语音导航功能,说出目的地即可开始导航。出行的时候,利用百度地图中的"搜周边"功能,可以查看周边的商店、停车场等,小区内的药店、公共洗手间都能被精确定位。另外,百度地图还可以根据驾车、打车、公交、骑行、步行等不同的出行方式帮助我们规划不同的路线(见图 3.5.1)。

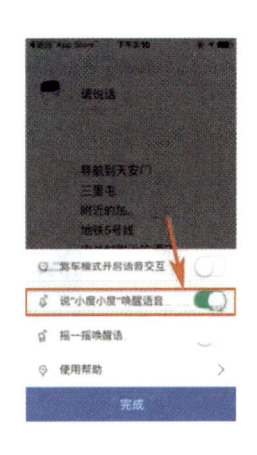

图 3.5.1　百度地图官网页面

二、订购火车票

目前通过很多软件工具都可以购买火车票,如高铁管家、铁路 12306 等。以铁路 12306 为例:进入手机铁路 12306 App 后,点击右上角的"车票预订",选择出发地、目的地、出发日期等信息,即可查询相应的车次。选中合适车

顺"信"而为——信息化思维与领导力

次后,点击"预订",选择乘车人员后提交并付款,就完成了车票预订。具体步骤如下。

步骤一:打开铁路12306,注册(已有账户可忽略),登录(见图3.5.2)。

图 3.5.2 注册、登录铁路12306

步骤二:登录账号后,在铁路12306手机App首页输入乘坐的日期、出发地和目的地车站名称,点击"查询车票"(见图3.5.3)。

步骤三:选择想要乘坐的车次(见图3.5.4)。

图 3.5.3 选择日期和地点   图 3.5.4 选择车次

步骤四：选择乘车人和座席（见图3.5.5）。

步骤五：点击"立即支付"，选择一种合适的支付方式支付车费即可（见图3.5.6）。

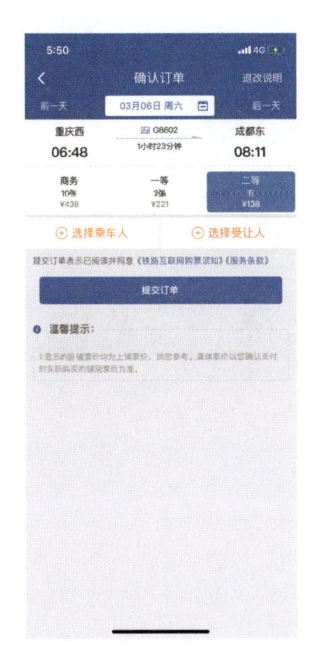

图 3.5.5　选择乘车人和座席　　　　图 3.5.6　支付

铁路 12306 App 还有"失物找寻"功能。在列车上丢了东西可以通过遗失物品查找功能寻找。

三、订购飞机票

携程 App 有机票购买入口，可以根据提示操作购买。如果是公务出行，可使用计算机登录政府采购机票管理网站（网址：https://app.gpticket.org/login.action）购买机票，根据界面提示内容一步一步进行购买操作，也可以使用手机安装公务行 App 购买。政府采购机票管理网站只能通过公务卡支付，并且是一人一卡（见图3.5.7）。

图 3.5.7　政府采购机票管理网站首页截图

四、租车

常用的租车工具有很多，如携程、滴滴出行等。滴滴出行原名为"滴滴打车"，是北京小桔科技有限公司推出的一款出行工具，滴滴出行在《2020 胡润全球独角兽榜》中排名第三位。它涵盖了出租车、专车、快车、顺风车、代驾等多项业务。新冠肺炎疫情防控期间，滴滴出行为了满足用户复工出行的用车需求，推出了"小桔租车"——"全国万台车免费用 7 天"的租车服务，用户可通过小桔租车或滴滴出行进行免费预订。滴滴出行的使用步骤如下。

步骤一：打开滴滴出行，在"打车"选项中输入目的地（见图 3.5.8）。

步骤二：在弹出的页面中选择"确认呼叫快车"即可（见图 3.5.9）。

步骤三：在等待的过程中，如果你想取消订单，直接点击下方"取消订单"即可，但是要在规定的时间段内取消，一般是 2 分钟。

携程 App 同样有租车业务。与滴滴出行不同的是，携程主要面向机场、车站接送的业务。如果遇到家庭多人出行或者团队出差，携程的租车业务可

第三章 信息化生活——"I 时代"的智能生活

以提供很大的便利。客户根据出行人数选择合适的车型后，司机会在预订时间前 30 分钟到达，免费等候客户。

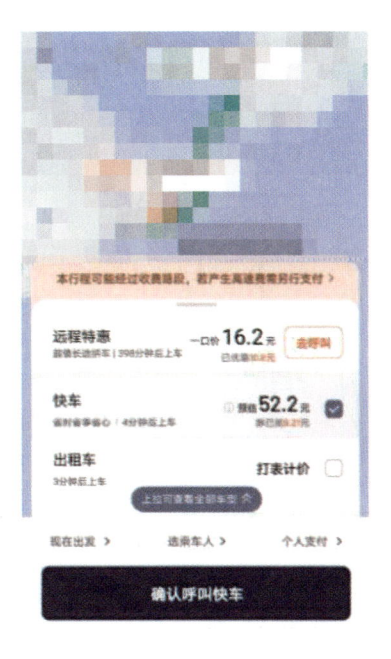

图 3.5.8　输入目的地　　　　　图 3.5.9　确认呼叫快车

五、公共交通

我们有时会遇到忘记带钱包或没有零钱的情况，特别是乘坐地铁或者公交车时。没有零钱的尴尬相信很多人都体验过，这时可以借助信息化工具化解这种尴尬。

乘坐城市公交车可以使用微信小程序中的"乘车码"（见图 3.5.10）。目前，全国有很多城市都已经实现了"扫码乘车"服务，在公交车的电子付款器前一扫，便可轻松付款。使用"车来了"微信小程序还可以实时查看公交车的位置，合理安排等车时间。

乘坐地铁也有方便的工具。在杭州等城市，乘坐地铁时可以使用支付宝的"交通出行"模块，选择所在城市的地铁乘车码，不用买票，在地铁闸机处扫描"支付宝乘车码"即可乘坐地铁。在北京、大连，乘客使用"亿通行"

手机 App，可以通过扫描乘车码乘坐地铁和公交车（见图 3.5.11）。

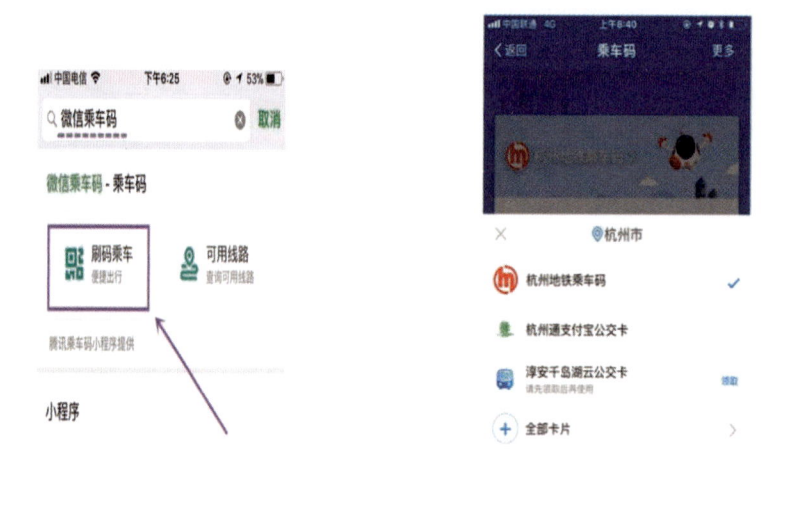

图 3.5.10　微信乘车码　　　　图 3.5.11　"亿通行"乘车码

六、智能公交

城市公共交通因注入信息元素得以飞速发展，与此相比，人们公共安全意识有所滞后。2018 年 8 月 29 日，扬州市江都区大桥镇客运站门口，一辆公交车失控撞倒一辆电动车，致电动车驾驶人轻伤，事故原因是乘客推搡公交车驾驶员。2018 年 10 月 28 日，重庆市万州区长江二桥，一辆公交车与一辆轿车相撞后冲破护栏坠入长江，车上 15 人丧生，事故原因是乘客刘某与驾驶员激烈争吵并互殴。2019 年 8 月 13 日，江西省萍乡市的李某驾驶一辆公交车在站内等候发车时，因操作不当，导致车辆失控，与停车场内另一辆公交车发生碰撞，所幸没有造成人员伤亡。

这些案例提醒人们在提高个人思想素质的同时，督促企业增强创新意识，对公交车智能监控系统展开研究。比如，重庆某公司开发了驾驶员行为智能预警（AI）系统。该系统可对驾驶员的面部和驾驶行为进行实时监测，主要监测驾驶员疲劳驾驶、左顾右盼、抽烟、打电话、打哈欠、瞌睡等不良驾驶行为。一旦系统检测到驾驶员有不良反应，会发出语音警示，避免事故发生。该系统还可以监控车内乘客状态，发现异常及时报警，并提示驾驶员停车处理（见图 3.5.12）。

图 3.5.12　驾驶员行为智能预警系统

第六节　"游"——信息化开拓旅游观光新体验

习近平总书记在 2019 年 5 月召开的亚洲文明对话大会开幕式上提出，中国愿同各国实施亚洲旅游促进计划[1]。我们要深刻领会讲话精神，树立全域旅游观念，结合当地实际，把旅游业融入经济社会发展全局，推进旅游向全景全业全时全民的全域旅游转变[2]。

> **名词释义**
>
> 全域旅游：在一定区域内，以旅游业为优势产业，通过对区域内的经济社会资源尤其是旅游资源、相关产业、生态环境、公共服务、体制机制、政策法规、文明素质等进行全方位、系统化的优化提升，实现区域资源有机整合、产业融合发展、社会共建共享，以旅游业带动和促进经济社会协调发展的一种新的区域协调发展理念和模式。

---

[1] 中国网：《习近平：中国愿同各国实施亚洲旅游促进计划》，2019 年 5 月 15 日。
[2] 人民网：《以学习贯彻党的十九大精神为动力推进旅游向全景全业全时全民的全域旅游转变》，2017 年 11 月 27 日。

旅游业信息化建设是加快旅游业发展的重要手段之一。旅游业信息化建设就是要充分利用电子技术、信息技术、数据库技术和网络技术及现代传播媒介，对旅游实体资源、旅游信息资源、旅游生产要素资源进行深层次的分配、组合、加工、传播和销售，促进传统旅游业向现代旅游业转化，加快旅游业的发展速度，提高旅游业的生产效率，达到更好地服务于人民美好生活的目的。

人们常说的"旅游"包括出游目的、旅行距离和逗留时间三部分，行业称之为旅游"三要素"，旅行过程中的食、住、行、游、娱、购为6个环节。信息技术的应用，让旅行的各个环节变得更加方便、高效。

一、吃——尝遍特色饮食

为了进一步完善和提高旅游餐饮文化，很多景区积极发展有地方特色的旅游食品。比如，大同的黄糕、西安的肉夹馍、兰州的拉面、泰安的煎饼卷大葱、潍坊的朝天锅等。景区在创新美食文化的同时，利用当地的生态环境开办"农家乐"饭店，开发无公害旅游食品，适当发展大规模、高档次餐厅等，促进餐饮业和旅游业有机结合，加快民俗文化和自然生态美食的发展。

很多平台整合了以上的功能模块，方便人们的旅游生活，如马蜂窝（见图3.6.1）、携程等。

马蜂窝集旅游社交、数据驱动、旅游电商平台于一体，提供全球6万个旅游目的地的交通、酒店、景点、餐饮、购物、当地玩乐等信息内容和产品预订服务，将复杂的旅游决策、预订和体验变得简单、高效和便捷。使用马蜂窝查找当地美食的步骤如下。

步骤一：在首页的"目的地"搜索框中输入要去的地方，如浙江（见图3.6.2）。

步骤二：在搜索结果中选择地点，如"杭州"（见图3.6.3）。

步骤三：从窗口中选择"餐饮"。

第三章　信息化生活——"I 时代"的智能生活

图 3.6.1　马蜂窝官网截图　　　　图 3.6.2　"浙江"的搜索结果

图 3.6.3　选择"杭州—餐饮"

步骤四：在新窗口中浏览美食（见图 3.6.4）。

图 3.6.4　浏览"杭州美食"

二、住——来自家的惬意

1. 预订酒店很贴心

目前,旅行预订酒店的工具呈现多样化、信息化的发展趋势。以携程为例,使用携程可以查询当前酒店的房间数量、价格,还可以通过图片查看酒店的环境、位置、联系电话等信息,并支持预订退房业务。使用携程预订酒店的步骤如下。

步骤一:打开携程,选择酒店(见图 3.6.5)。

步骤二:进入酒店预定,选择目的地、入住和离开时间后,选择"查询"(见图 3.6.6),浏览酒店列表(见图 3.6.7)。

图 3.6.5　携程官网截图　　图 3.6.6　查询酒店　　图 3.6.7　浏览酒店列表

步骤三:在查询结果中选择合适的酒店(见图 3.6.8)。

步骤四:填写入住信息后可进行支付(见图 3.6.9)。

第三章 信息化生活——"I 时代"的智能生活

图 3.6.8 查看酒店详情　　图 3.6.9 填写入住信息

2. 租住民宿更方便

近年来，为满足信息化生活的需要，民宿作为一种新兴的租住形式应运而生。民宿对有家庭住宿需求的用户更具吸引力。以蚂蚁短租为例，使用蚂蚁短租可以在地图上选定租房区域，在区域内对房间的价格、大小、厨房和炊具、床位、网络配置、电器等进行个性化选择。蚂蚁短租提供房屋图片和评价，供有租房需求的用户参考。使用蚂蚁短租的具体操作步骤如下。

步骤一：下载蚂蚁短租 App 并登录。

步骤二：搜索城市、景点等目的地，挑选心仪房源。

步骤三：凭手机号和验证码直接登录，通过客服模块与房东沟通，提交预订请求，等待房东确认。

步骤四：房东确认后，用户进行支付。

步骤五：入住完毕，对入住体验进行评价。

三、行——定制个性化线路

1. 景区内部路线

"快进、快出、慢游"是旅游路线交通的基本要求。旅游一般可分为外部大交通和内部小交通两个方面。大交通是指铁路、公路、飞机航线形成的无障碍旅游快速通道。小交通是指连接主要景区、景点之间的交通环线，形成景区内小交通系统。很多景区形成了自己独特的小交通系统（见图3.6.10）。

图 3.6.10　九寨沟景区交通图

2. 定制旅游线路

由于旅游时段、旅游目的的不同，人们对于旅游项目的需求更加多样化。很多平台据此推出了定制化旅行线路，如八只小猪、丸子地球、携程等。以携程为例，携程定制旅行为客户提供了个性化旅行方式，包括独立包团、中高端定制旅游服务等。携程定制旅行专家根据客户需求，如旅游出行人数、价位、目的地、出发日期、行程天数等灵活组合旅行要素，策划个性旅行，定制合适的包团旅游方案，进行管家式管理，服务贴心、高效、方便、快捷。定制旅行有效地解决了客户旅游人数多、旅游产品选择困难的问题（见图3.6.11）。

图 3.6.11　携程定制旅行

四、游——欣赏美丽景色

近几年，随着文化旅游事业的不断发展，各地景区不断探索景区特色文化内涵，将文化与景区融合，研究推广各种文化旅游项目。景区为文化旅游项目制订实施方案，配套加强文化项目建设，加大资金投入，不断推出文化旅游新亮点，一批文化旅游景区应运而生，让更多的游客体验文化旅游新时尚。景区利用信息技术实现在线旅游景点全场景展示，以适应不同层次旅游者的需求。多家旅游平台推出了网上 VR 旅游项目，如全景客网站推出的"云游美丽中国"模块，可以通过 VR 全景图欣赏景区的美丽景色（见图 3.6.12）。

图 3.6.12　全景客网站

五、娱——感受别样风情

旅游过程中的娱乐活动能够极大地提升用户的互动性和参与性，很多景区为提升自身影响力，推出了游客能参与的互动娱乐项目。晚间娱乐节目抓住了游客夜间无景可看的空档期，游客"白天看景、晚上睡觉"的旅游模式迅速铺开。景区根据自身特点创造性地打造了游客"听得到、看得见、摸得着"的可参与项目，特色娱乐项目不断增加。如张北草原天路的夜间篝火晚会、野三坡的《印象野三坡》演出、大唐不夜城的灯光盛宴、九寨沟藏羌风情晚会（见图 3.6.13）、三亚渡轮出海赏月等项目，极大地满足了人们旅途中的娱乐需求。

图 3.6.13　九寨沟藏羌风情晚会

六、购——带回美好记忆

1. 购买景区门票

在信息化生活背景下，景区的门票同样可以通过网络预订，多家旅游服务平台如携程、去哪儿等都提供门票预订服务。以携程为例，打开携程手机App，搜索景区目的地，就会出现多个景区门票搜索结果，并提供亲子票、家庭票等订票套餐。用户通过携程App购买景区门票可享受优惠，折扣为3至8折不等。携程还提供景点讲解资源，用户通过付费即可下载。携程App购买景区门票步骤如下。

步骤一：打开软件，进入主界面，点击"攻略·景点"（见图3.6.14）。

步骤二：选择"景玩"（见图3.6.15）。

图 3.6.14　选择"攻略·景点"　　图 3.6.15　选择"景玩"

步骤三：输入目的地名称，点击"景点门票"（见图3.6.16）。

步骤四：选择心怡景点，选择成人票"预订"（见图3.6.17）。

步骤五：选择时间、场次、门票张数后，点击"下一步"（见图3.6.18）。

第三章 信息化生活——"I 时代"的智能生活

图 3.6.16　选择"景点门票"　　图 3.6.17　预订门票

步骤六：填写订单信息，完成后选择"去支付"（见图 3.6.19）。

步骤七：完成支付（见图 3.6.20）。

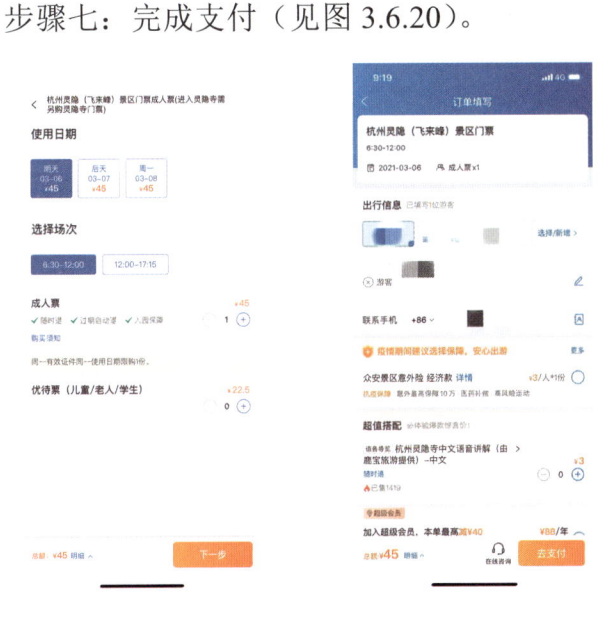

图 3.6.18　选择时间等信息　　图 3.6.19　填写订单信息　　图 3.6.20　完成支付

2. 购买当地特产

旅游途中购买当地特产已成为人们出行时必不可少的需求，给亲朋好友捎点异地特产也成为旅游的习惯。目前，国内有很多平台提供购买特产的服务，登录相关网站就可以购买各地特产。如博雅特产网、中国特产网（见图 3.6.21）等。

图 3.6.21 中国特产网官网

随着文化旅游概念的不断普及，旅游纪念品的需求不断增长。旅游纪念品，顾名思义，即游客在旅游过程中购买的精巧便携、富有地域特色和民族特色的礼品，让人铭记于心的纪念品或文创产品。有人将旅游纪念品比喻为一个城市的名片，这张名片典雅华丽，具有一定的收藏与鉴赏价值。

七、无人酒店

无人酒店是一种在物联网与人工智能快速发展背景下出现的新型酒店。2018年，阿里巴巴花费30个月打造的全球首家全场景人工智能酒店开业。酒店位于杭州阿里巴巴西溪园区旁，名字叫"菲住布渴"（FlyZoo Hotel）。进入酒店会发现，大堂内空无一人，用户进入办理区，使用刷身份证的方式即可自助办理入住，整个过程仅用时一分钟。如果已在手机端的菲住 App 上办理了入住，用户直接"刷脸"就能进入房间（见图 3.6.22 和图 3.6.23）。

第三章　信息化生活——"I 时代"的智能生活

图 3.6.22　无人酒店大堂　　　　　图 3.6.23　无人酒店餐厅

2020 年 7 月 14 日，文化和旅游部办公厅发布了《关于推进旅游企业扩大复工复业有关事项的通知》，在新冠肺炎疫情常态化防控的趋势下，恢复跨省（自治区、直辖市）的团队旅游业务。7 月 17 日，文化和旅游部办公厅发布《关于统筹做好乡村旅游常态化疫情防控和加快市场复苏有关工作的通知》，重点强调了线上的旅游宣传方式如 VR 模式。未来 VR "云旅游"将是必要的线上宣传趋势和重点发展对象，这既给人民的精神生活带来了便利，又加快了旅游生活信息化的进程。

第七节　"娱"——信息化掀起文化娱乐新浪潮

娱乐是什么？很多人的回答应该是"能博人一笑，让人开心的就是娱乐"。其实金庸先生的"娱乐观"很值得我们品味。金庸先生的武侠小说表现的大都是豪情壮志，在书迷心目中或许并不能完全称为娱乐，但是他所表达的"娱乐观"是豪情般的娱乐。他的文字可以把人带入小说中，让读者身临其境，细品其中的味道与奥妙，体验放松的氛围，达到"此中有真意，欲辩已忘言"的境界。这种"娱乐境界"对于信息化社会来说尤为重要。信息化加快了人们的工作节奏，手头上的工作越来越多，让人们应接不暇，"久在樊笼里，复得返自然"的追求越来越强烈，人们对美好生活的向往也越来越迫切。轻松的信息化娱乐方式给我们开启了一个全新的娱乐空间，为娱乐行业掀起了一场新的浪潮。

腾讯集团于2011年首先提出了"泛娱乐"的概念。2014年,"泛娱乐"一词被文化部、新闻出版广电总局等中央部委的行业报告收录并重点提及。2015年,"泛娱乐"被业界公认为"互联网发展八大趋势之一"。

泛娱乐指的是基于互联网与移动互联网的多领域共生,打造明星知识产权的粉丝经济。其核心是"知识产权",可以是一个故事、一个角色或者任何大量用户喜爱的事物。如图3.7.1所示为"泛娱乐"产业图。

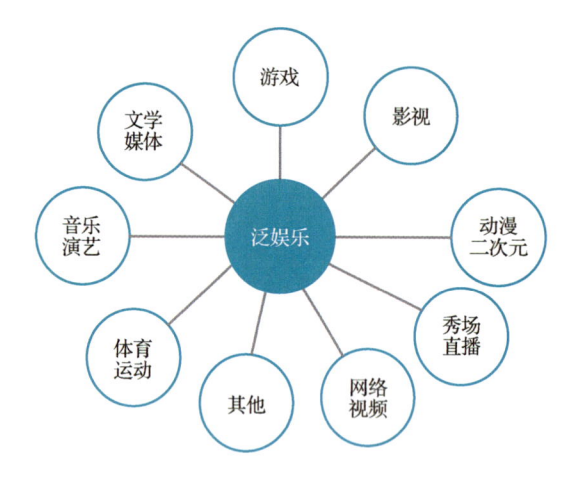

图3.7.1 "泛娱乐"产业图

泛娱乐由互联网公司推动并得到快速发展。很多互联网企业都开展了泛娱乐业务。作为泛娱乐的提出者,腾讯公司于2012年起,连续三年先后推出动漫、文学、影视三大泛娱乐平台,作为系统布局泛娱乐生态圈的开端。同时,阿里巴巴、百度、网易等纷纷建立泛娱乐业务,推出了自己的泛娱乐平台。三大电信运营商也看到了泛娱乐的发展前景,纷纷布局各自的泛娱乐生态圈。信息化时代的泛娱乐,已经作为一种产业战略形态存在。目前,泛娱乐已经发展为三个层次:以网络文学、动漫等为上游孵化层;以电影、电视剧、音乐为中游运营层;以游戏、演出、衍生品等为下游变现层。泛娱乐的商业属性不言而喻,跨界融合已经将泛娱乐渗透到各个产业,拓展了泛娱乐的属性。

一、泛娱乐平台

1. 微信公众号

微信作为社交平台,其覆盖面体量巨大,对于企业而言是一个绝佳的宣传平台。微信公众号的运营和推广尤为重要。公众号运营得当的企业,可从中获益甚至融资,数额可达到上千万元。用户个人也可以开通微信公众号,运营得当可月入万元甚至更多(见图3.7.2)。

2. 百度百家号

百家号为百度推出的产品，可以实现内容发布、内容变现和粉丝管理。百家号于 2016 年 6 月启动并正式内测，账号体系于 9 月升级，广告系统正式上线，并对所有作者全面开放。用户个人申请百家号在新手期存在一定难度，但由于百家号的广告分成在目前的泛娱乐平台中是最高的，因此吸引了大批个人百家号入驻（见图 3.7.3）。

图 3.7.2　微信公众号

图 3.7.3　百度百家号

3. 一点号

一点号是一点资讯的自媒体发文后台，实行积分制，账号达到 25 级开通收益。一点号发文准入门槛较低，一般情况下文章都能顺利通过审核。

4. UC 大鱼号

UC 订阅号如今已升级为"大鱼号"，已有超过 30 万个账号入驻，推出了"一点接入，多点分发，多重收益"的整合服务。大鱼号可为内容创作者提供丰富的优质流量和收益。

5. 腾讯企鹅号

企鹅号是腾讯公司推出的自媒体平台，审核比较严格，收益与头条号相当，新手期较短。

6. 趣头条

趣头条自媒体运行平台是由趣头条推出的后台写作平台，实行等级制，发文即可得到收益，提倡原创（见图3.7.4）。

7. 今日头条和头条号

今日头条是北京字节跳动科技有限公司开发的产品，为用户推荐信息，提供连接人与信息的服务。"头条号"是今日头条针对国家机构、企业及媒体推出的专业信息发布平台，目的是为内容生产者提供曝光和关注渠道。2019年，今日头条创作者全年共发布内容4.5亿条，累计获赞90亿次。其中，有1825万人是首次在今日头条上发布内容（见图3.7.5）。

图3.7.4　趣头条　　　　　　　图3.7.5　今日头条

二、视频网站

视频网站是指在信息技术的支撑下，用户可以在线发布、观看和分享视频作品的网站平台。在信息化发展的背景下，视频网站的功能性与交互性不断得到创新升级，受到了广大用户的喜爱。

第三章 信息化生活——"I时代"的智能生活

1. 爱奇艺

爱奇艺在线视频网站的资源画面清晰流畅，操作界面友好。爱奇艺鼓励平台自创资源，多部独家上线的剧集、综艺赢得了用户的青睐（见图3.7.6）。

2. 腾讯视频

腾讯视频是一家综合视频平台，拥有微信、QQ登录方式所绑定的独特用户群体。腾讯视频着力打造优质的视频内容，重视与用户之间的交互（见图3.7.7）。

图 3.7.6　爱奇艺　　　　　图 3.7.7　腾讯视频

3. 搜狐视频

搜狐视频以正版高清长视频为主要竞争优势，与多个电视频道达成了合作协议。通过获取正版影视剧、电影的播放权，带给用户沉浸式的视觉享受（见图3.7.8）。

4. 优酷

优酷于2015年由原优酷网、土豆网合并而成，现成为阿里巴巴集团数字媒体及娱乐业务的核心业务之一。优酷以"这世界很酷"为服务口号，致力于向用户提供包含精品内容、智慧推荐、文娱互联的优质服务体验（见图3.7.9）。

图 3.7.8　搜狐视频　　　　　图 3.7.9　优酷

5. PP 视频

PP 视频由原 PPTV 聚力视频发展而来,是以"流媒体为介质、以社群服务"为核心的综合视频平台。PP 视频自主研发了 Synacast 技术,能达到"用户越多,视频播放越流畅"的效果(见图 3.7.10)。

6. 哔哩哔哩

哔哩哔哩弹幕视频网是中国年轻一代高度聚集的文化社区和视频平台,也是"弹幕文化"的早期推行者。"弹幕"是悬浮滚动在视频上层的实时评论,能够给观众实时互动、讨论的空间。"弹幕文化"现已扩展到多家视频网站,创造了弹幕生态环境,使视频网站从单向的播放平台发展为双向的用户共情平台(见图 3.7.11)。

图 3.7.10　PP 视频　　　　图 3.7.11　哔哩哔哩弹幕视频网

7. 中国网络电视台 CNTV

中国网络电视台 CNTV 旨在制作网络原创的节目品牌,高度重视用户的参与度。由于 CNTV 独有的公信力和权威性,能够将传统的卫视节目进行碎片化处理,再融合成形式新颖的电视、网络双平台节目(见图 3.7.12)。

8. 芒果 TV

芒果 TV 是湖南广电旗下的互联网视频平台,以视听互动为核心,打造"多屏合一"的视听体验效果,鼓励独播、跨屏、自制的新媒体综合传播服务,形成了相对独特的媒体融合模式(见图 3.7.13)。

图 3.7.12　中国网络电视台 CNTV　　　　图 3.7.13　芒果 TV

9. 西瓜视频

西瓜视频是字节跳动旗下的个性化视频推荐平台，以"点亮对生活的好奇心"为服务标语，由今日头条进行孵化。西瓜视频借助人工智能技术，帮助用户发现自己喜欢的视频，并鼓励创作者向平台用户分享自己的作品（见图 3.7.14）。

图 3.7.14　西瓜视频

三、广播 App

当我们戴上耳机，倾听各类电台节目时，一款好用的广播 App 的外观、功能、使用体验就显得格外重要。以下是几款常用的广播类 App。

1. 情咖 FM

情咖 FM 是一款分享情感、互动交友的直播电台 App，被评为"'00 后'喜爱的应用"（见图 3.7.15）。

2. 荔枝

荔枝以"帮助人们展现自己的声音才华"为创作使命，是中国 UGC 音频社区，包含原创音乐、经典歌单、精彩乐评等一切与音乐相关的话题（见图 3.7.16）。

图 3.7.15　情咖 FM　　　　图 3.7.16　荔枝

3. 听伴

听伴由考拉FM升级而来，集品牌电台、车载音频等特色功能于一体。听伴以经营用户为核心理念，采用人工智能和大数据算法，将特色音频内容以节目流的方式不间断地推送给车主，帮助车企运营品牌、维系用户（见图3.7.17）。

4. 蜻蜓FM

蜻蜓FM以节目丰富为核心竞争力，集英语、小说、音乐，评书、新闻、相声、娱乐脱口秀等丰富类型的音频内容于一体。蜻蜓FM重视用户的碎片时间，无论用户在上下班路上、挤公交挤地铁、等车之时，都可以听音乐放松身心、听新闻增长见识、听英语进行学习等（见图3.7.18）。

5. 懒人听书

懒人听书提供免费听书、听电台、听新闻等多种有声数字收听服务，用户规模为上亿人。懒人听书鼓励用户上传自制节目，优质原创节目可获得资金、包装、推广等扶持，极大地提升了用户的创作热情（见图3.7.19）。

图3.7.17　听伴　　　　图3.7.18　蜻蜓FM　　　　图3.7.19　懒人听书

6. 喜马拉雅

喜马拉雅是国内最大的音频分享平台之一，于2013年3月上线手机客户端。至 2020 年，喜马拉雅市值达到 200 亿元人民币，成为国内发展最快、规模最大的在线移动音频分享平台。喜马拉雅同时支持 iPhone、iPad、Android、Windows Phone、车载终端、台式计算机、笔记本计算机等各类智能手机和智能终端的访问（见图 3.7.20）。

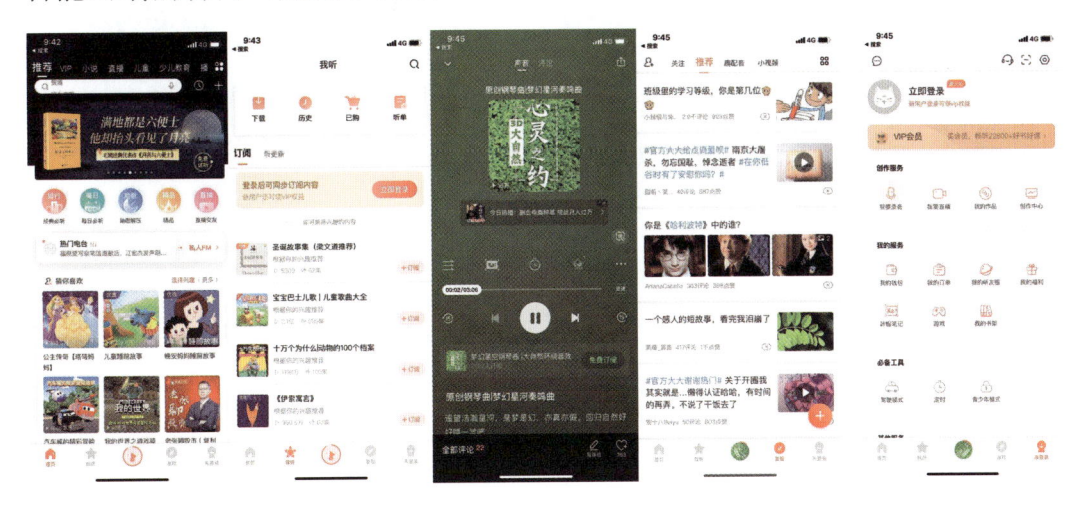

图 3.7.20　喜马拉雅

四、音乐 App

从前听歌需要购买磁带、光盘，还要购买播放设备。随着智能手机的普及，安装音乐 App 就可以轻松"拥有"海量歌曲，想听就听，方便快捷。常用的音乐类手机应用有酷狗音乐、酷我音乐、QQ 音乐、网易云音乐等。

1. QQ 音乐

QQ 音乐是腾讯公司推出的音乐应用，拥有海量音乐版权。QQ 音乐提供在线试听、手机铃声下载、正版音乐下载等功能。QQ 音乐的主界面以绿色为主色调，主要功能模块分为"首页""视频""扑通""我的"四大区域（见图 3.7.21）。

2. 网易云音乐

网易云音乐是网易公司推出的一款音乐应用，依托于专业音乐人、DJ、好友推荐及社交功能，为用户打造全新的音乐生活（见图 3.7.22）。

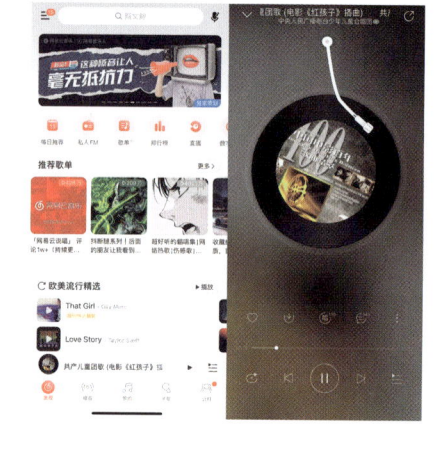

图 3.7.21　QQ 音乐　　　　　　　图 3.7.22　网易云音乐

3. 咪咕音乐

咪咕音乐是中国移动面向全国用户推出的独家音乐产品，拥有三大客户端及三大门户，同时携手华纳、索尼、环球、EMI 等国际知名唱片公司及诸多国内音乐制作人/工作室，推出众多正版音乐歌曲（见图 3.7.23）。

4. 酷我音乐

酷我音乐成立于 2005 年 8 月，由前百度首席架构师雷鸣和从斯坦福大学毕业归国的怀奇共同创建。除音乐产品外，酷我音乐在 2018 年打造了首档青年阅读分享公益节目，持续发掘平台潜力（见图 3.7.24）。

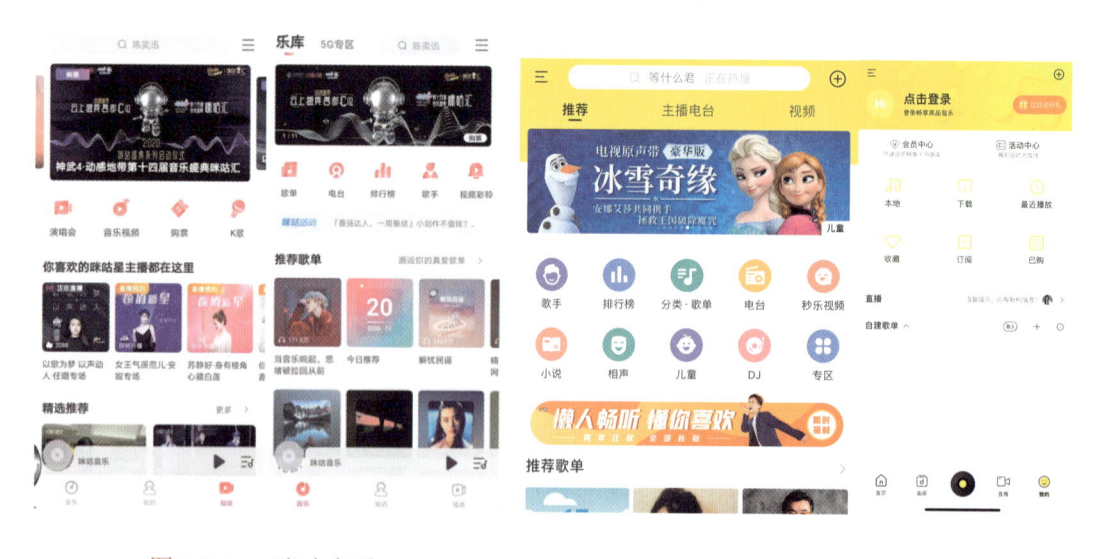

图 3.7.23　咪咕音乐　　　　　　　图 3.7.24　酷我音乐

第三章 信息化生活——"I 时代"的智能生活

5. 酷狗音乐

酷狗音乐提供在线音乐试听、下载，以及全球众多的电台和 MV 播放服务，拥有海量的音乐资源，支持随时随地畅享无损高保真音质。

功能分类、内容显示、迷你播放控制条的界面结构成为音乐播放器的标准模板。在界面设计、功能分布、新模式开发上，各类音乐 App 都将创新、交互、分享等关键词纳入自己的设计理念中，并上线了跑步模式、电台模式、直播模式等多种更迭版本。用户可根据自己不同的喜好、使用习惯等选择音乐播放器。

五、游戏 App

根据移动数据分析平台 App Annie 于 2021 年 1 月发布的《2021 年移动市场报告》来看，Android 用户全年累计使用时长达 3.5 万亿小时。2021 年，手机游戏的消费者支出将超过 1200 亿美元（见图 3.7.25）。

可以赚钱的游戏类 App 是近两年流行起来的，也契合了现在大多数人喜欢玩游戏的特点。用户玩游戏达成任务目标就可以获得现金奖励，这个"新生事物"受到年轻人群体的喜爱与追捧。

图 3.7.25　游戏 App

六、电子图片

1. 图片处理

在琳琅满目的图片处理软件工具中，有几款优质软件值得推广，美图秀秀就是其中之一。美图秀秀是 2008 年 10 月 8 日由厦门美图科技有限公司研发的一款免费图片处理软件，可以实现以下功能。

（1）图片美化。专业修图工具对大多数没有专业基础的人来说具有一定门槛，使用手机拍摄会议片、档案片等图片效果又不尽如人意时可以借助美图秀秀，它有美颜和滤镜等工具，可以给图片插入文本、边框，对图片做简单处理，还可以进行图片拼接、海报制作等。图片美化步骤如下。

步骤一：打开美图秀秀，点击"图片美化"（见图 3.7.26）。

步骤二：选择图片（见图 3.7.27）。

图 3.7.26　点击"图片美化"　　图 3.7.27　选择图片

步骤三：在底部工具栏中，选择"增强"工具，对打开的图片进行修图（见图 3.7.28）。

步骤四：选中"暗部改善"，可以调整图片暗部亮度。完成后点击右下角"√"（见图 3.7.29）。

步骤五：点"√"完成操作。（见图 3.7.30）

（2）拼图功能。

步骤一：打开美图秀秀，选择"拼图"（见图 3.7.31）。

步骤二：选择图片，点击"开始拼图"（见图 3.7.32）。

步骤三：选择"海报"，点击其中一个模板（见图 3.7.33）。

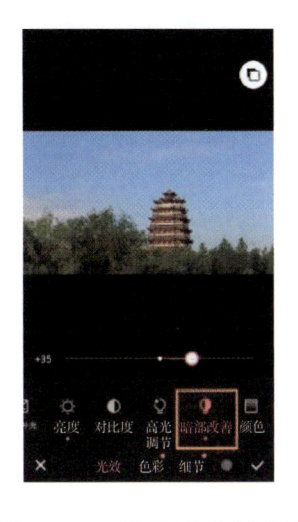

第三章 信息化生活——"I 时代"的智能生活

图 3.7.28　选择"增强"工具　　图 3.7.29　选中"暗部改善"　　图 3.7.30　完成

图 3.7.31　选择"拼图"　　图 3.7.32　选图后点击"开始拼图"　　图 3.7.33　选择模板

步骤四：点击右上角"√"完成拼图（见图 3.7.34）。

图 3.7.34　完成拼图

(3)视频美化。使用手机拍出的视频,无法专业地调整亮度和焦距,拍摄效果比实际暗,有时候还需要将多个视频进行合成。利用美图秀秀可以美化及拼接视频,并根据需要对视频中的人物进行加滤镜、美颜等特效处理。步骤如下。

步骤一:打开美图秀秀,选择"视频美化"(见图3.7.35)。

步骤二:选择要合并的视频,点击"开始编辑"(见图3.7.36)。

图3.7.35 选择"视频美化"

图3.7.36 选中视频,点击"开始编辑"

步骤三:滑动视频片段,选择需要美化的片段,再选择特效(见图3.7.37)。

步骤四:添加特效,点击"√"完成编辑(见图3.7.38和图3.7.39)。

图3.7.37 选择特效

图3.7.38 添加特效

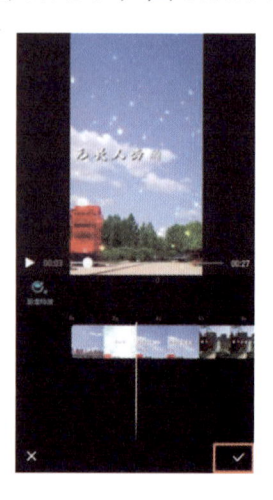

图3.7.39 完成编辑

2. 电子相册

电子相册工具近年来发展迅速，移动端 App 种类多样，如右糖、传影 DIY、美篇等。以美篇为例，它是一款图文创作分享 App，由南京蓝鲸人网络科技有限公司研发，每次可分享 100 张照片，可任意添加文字描述、背景音乐和视频。美篇具有以下功能。

（1）照片分享。可进行聚会、旅游、公司年会等各种活动照片的分享等，有效地解决了微信对大文件处理不理想、邮箱发送较烦琐的问题。

（2）视频分享。用户可以将图片合成为一个视频，配上音乐模板，进行分享。

（3）广告宣传。用户利用美篇嵌入企业广告，还可以通过红包的形式给分享者打赏，通过评论留言相互沟通。

制作一个美篇的过程如下。

步骤一：打开"美篇"，点击下方中间"+"符号（见图 3.7.40）。

步骤二：选择"文章"（见图 3.7.41）。

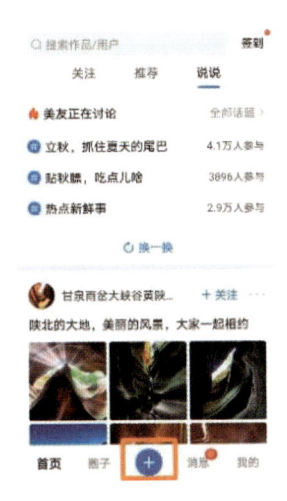

图 3.7.40　打开美篇　　　　　　图 3.7.41　选择"文章"

步骤三：选择"图片"（见图 3.7.42）。

步骤四：选择手机中的照片上传到美篇系统中，一次可上传100张（见图3.7.43）。

图3.7.42　选择"图片"　　　图3.7.43　图片上传完毕

步骤五：输入标题，添加文字，点击"预览"（见图3.7.44）。

步骤六：选择模板，点击"下一步"（见图3.7.45）。

图3.7.44　输入标题和文字　　　图3.7.45　选择模板

步骤七：选择音乐，点击"下一步"（见图3.7.46）。

步骤八：点击"发布"，完成制作（见图3.7.47）。

图 3.7.46　选择音乐 　　　　　　　　图 3.7.47　发布

3. 请柬贺卡

图怪兽、MAKA、意派 Epub360、易企秀等都是面向手机幻灯片、H5 场景制作的应用工具，用户可以根据自己的需要随时随地在 PC 端、手机端进行制作和展示。以易企秀为例，制作邀请函、贺卡、招聘计划等都可以使用它。具体步骤如下。

步骤一：登录易企秀 PC 端，依次点击左侧"用途"—"纪念相册"—"旅游相册"（见图 3.7.48）。

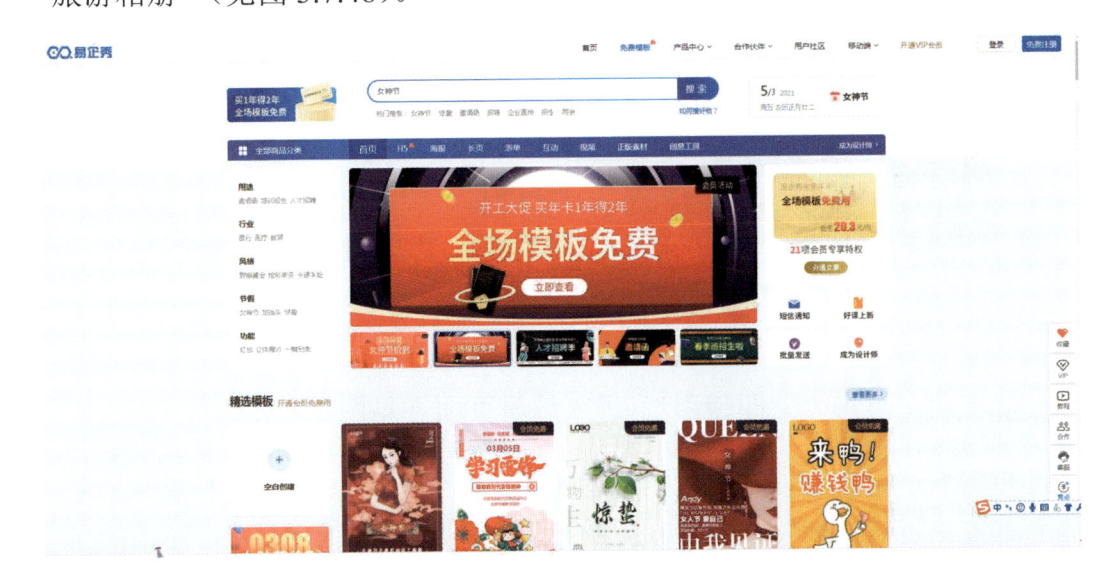

图 3.7.48　选择旅游相册

步骤二：选择一款模板（见图3.7.49）。

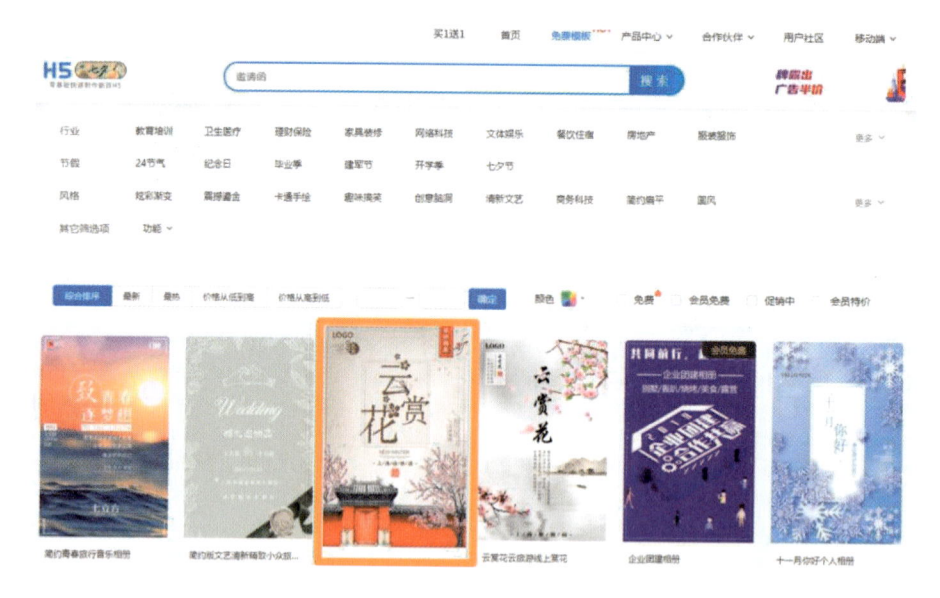

图 3.7.49　选择宣传相册模板

步骤三：此时会显示选中的效果图，可进行预览（见图3.7.50）。

图 3.7.50　预览效果

步骤四：点击"立即使用"，进入编辑页面（见图3.7.51）。

步骤五：用户可以双击文字或者图片进行编辑。如果页面不够用，可以点击任意一页后面的三个圆点，选择"复制页面"可以添加一页。编辑完成，点击保存即可。

图 3.7.51　开始编辑

七、智能娱乐

提起智能娱乐，以虚拟现实最具代表性。用户打开计算机并连接虚拟现实头盔，可进入一个可交互的虚拟场景中，不仅可以虚拟当前场景，也可以虚拟过去和未来。戴上虚拟现实头盔，看到的是虚拟的世界，无论怎么转动视线，都位于虚拟世界之中。

虚拟现实头戴式显示设备为 VR 眼镜，利用头戴式显示设备将人体对外界的视觉、听觉封闭，引导用户产生一种身在虚拟环境中的真实体验。其显示原理是左右眼分别单独观看同一屏幕，分别显示不同角度的图像，使用户产生立体感观（见图 3.7.52）。

图 3.7.52　VR 眼镜

VR先从消费市场爆发,又走向应用领域,用户对VR内容的需求也变得越来越高。现在国内VR市场已经初具规模,巨大的发展空间将吸引更多的用户参与其中。VR行业未来广阔,虚拟现实技术必将会为各行各业带来更多新的机遇。

第八节 "购"——信息化带动线上购物新模式

2016年《国家信息化发展战略纲要》提出,到2025年,我国信息消费总额达到12万亿元,电子商务交易规模达到67万亿元。《"十三五"国家信息化规划》指出,加大信息化领域关键环节市场化改革力度,推动建立统一开放、竞争有序的数字市场体系。

数字市场最主要的组成部分就是购物平台。所谓购物平台,就是提供网络购物的站点。随着网络事业的爆炸式增长,交易需求随之提高,为满足需求,网络交易平台应运而生。它旨在通过电子手段建立一种新的秩序,不仅涉及电子技术及商务本身,而且涉及如金融、税务、教育、法律等社会其他层面。网络交易平台创造性地利用信息技术,引发了革命性的商务实践。

网络交易平台是一个第三方的交易安全保障平台,主要作用是为了保障交易双方在网上进行交易的安全、诚信。比较知名的购物平台有当当网、淘宝、京东、拼多多等。购物网站为买卖双方提供交易的平台,卖家可以在网站上出售商品,买家可以从中选择并购买自己心仪的物品(见图3.8.1)。

一、常用网购模式

按照交易对象分类,网络购物平台模式可以分为企业对企业的电子商务(B2B),企业对消费者的电子商务(B2C),大规模消费者对企业的电子商务(C2B),企业对政府的电子商务(B2G),消费者对政府的电子商务(C2G),消费者对消费者的电子商务(C2C),生产商对第三方平台、第三方平台对消费者或生产商同时面对供应商和消费者的电子商务（B2B2C），线上购买、线下消费（O2O）等（见图 3.8.2）。

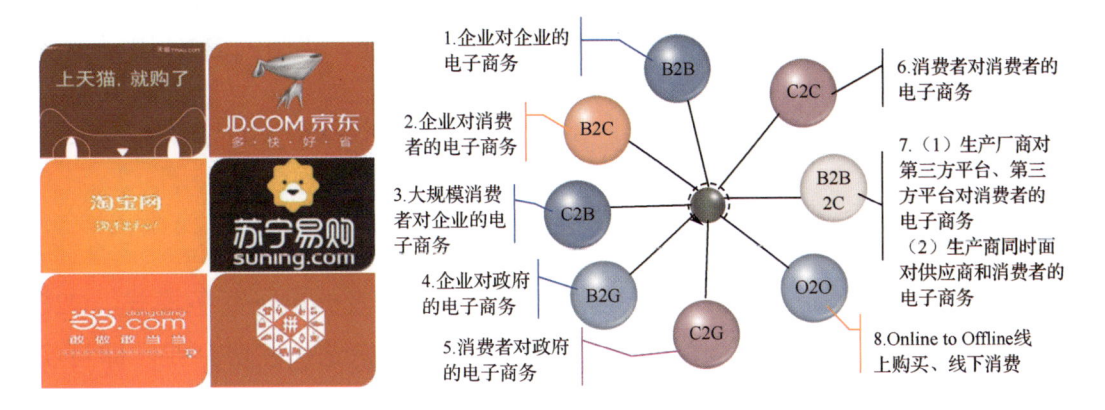

图 3.8.1　常用的电商平台

图 3.8.2　电子商务

1. B2B

B2B（Business to Business）指商家（泛指企业）对商家的电子商务模式。通俗来讲，交易双方都是企业，以互联网技术为依托，通过网站、平台等媒介，进行产品、服务及信息的交换。B2B 分为内贸 B2B 和外贸 B2B。内贸 B2B 如马可波罗、慧聪网等；外贸 B2B 如阿里巴巴国际站、中国制造网等。其中又分为综合类和垂直类。综合类品类多，垂直类品类单一（见图 3.8.3 和图 3.8.4）。

图 3.8.3　B2B 综合电商平台

图 3.8.4　B2B 垂直电商平台

2. B2C

B2C（Business to Customer）是企业对消费者的电子商务模式。B2C 模式是我国电子商务模式的发端。经历了几十年的发展，我国的 B2C 电子商务网站呈现了百花齐放、百家争鸣的发展态势。比如，淘宝、天猫商城、京东商城、1 号店、亚马逊、苏宁易购、国美在线等。

3. C2C

C2C（Consumer to Consumer）是消费者对消费者的电子商务模式。C2C 电子商务平台为个人在线交易提供平台，交易双方均无须注册企业，即可实现商品的网上售卖。淘宝旗下的闲鱼 App 就是 C2C 电商模式的经典案例。C2C 个人电商模式交易流程如图 3.8.5 所示。

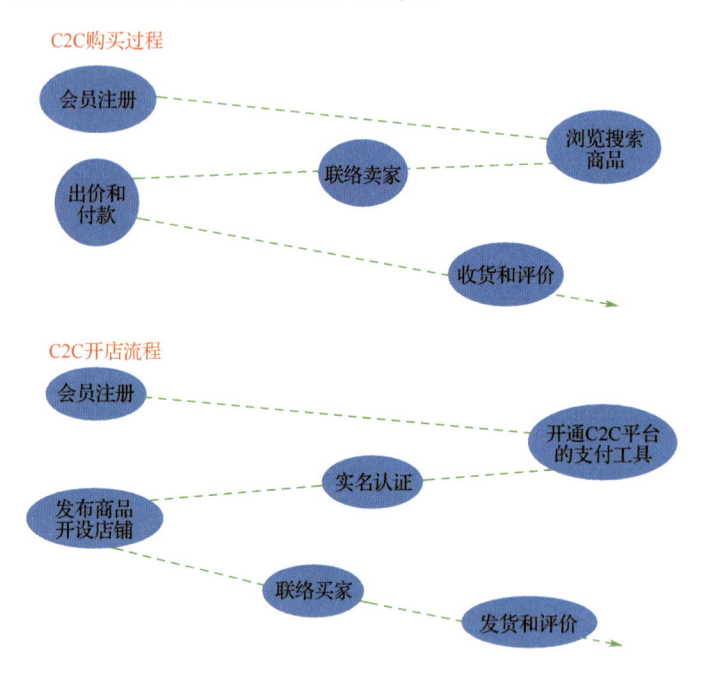

图 3.8.5　C2C 购买过程及开店流程

4. B2G

B2G（Business to Government）是企业与政府之间的电子商务模式。这种模式常见于政府采购中面向企业的采购，还存在于企业向海关报税的平台、企业向国税局及地税局报税的平台等。

5. B2T

国际通称 B2T（Business To Team），即一个团队向商家采购。这种电子商务模式指多个消费者借助互联网聚集资金，加强与商家的谈判能力，以求得最优的价格，典型案例如美团等。

6. C2B

C2B（Customer to Business）是大规模消费者对企业的电子商务模式。这种模式起源于美国，通过一个平台将有采购需求的客户聚合起来，形成一个大的采购集体，从而具备与供货方竞价的资格，享受以优惠的价格采购商品的待遇。

国内的 C2B，一是指个人技艺传承者、农户等个人向企业提供资源；二是指企业面向消费者的定制化需求进行产品的生产；三是指多人为了共同的商品组团购买，典型代表是拼多多，这种方式与 B2T 模式类似，但 B2T 模式在规模和价格方面都要更大和更高一些；四是真正为个人提供定制化需求，企业没有既定产品，完全根据用户需求进行建模生产，是 C2B 模式阶段性的发展目标，目前很少有企业可以进行个人定制的规模化生产（见图 3.8.6）。

图 3.8.6　拼多多

7. B2B2C

B2B2C（Business To Business To Customers）是生产商和第三方平台面向个人进行交易的电子商务模式。第一个 B 指广义的生产商（即成品、半成品、材料提供商等，一般是上游企业），可以是公司，也可以是个人；第二个 B 指交易平台，即供买卖双方联系的平台，如淘宝、京东等；C 即买方。

B2B2C 把"供应商→生产商→经销商→消费者"的流通渠道紧密联系起来，利用平台把商家直接推到消费者面前，降低中间成本，让生产商获得更多的利润，最终实现消费者获益。B2B2C 的经典案例在国外有亚马逊等，国内有商易网等（见图 3.8.7）。

图 3.8.7　商易网官网截图

8. O2O

O2O（Online to Offline）是线上购买、线下消费的销售模式，即线下体验、线上成交，如齐家网（见图 3.8.8）。随着新零售的发展，O2O 已将线上线下融为一体。

图 3.8.8　齐家网官网截图

二、跨境购物平台

随着我国"一带一路"倡议的快速推进,跨境贸易成为新的经济增长点,信息技术逐渐成为各个跨境购物平台竞争的焦点。跨境贸易的决定性因素不仅是平台规模的提升,更是虚拟现实、大数据等技术层面的竞争。一些企业级跨境平台看到了海外客户的个性化需求,多批次、小批量的外贸订单呈"井喷式"增长。鉴于此,除了中小企业跨境平台之外,传统的大规模外贸交易平台正在逐步向中小微型贸易迭代转型,推动了跨境电商贸易的快速发展。跨境购物平台一般分为跨境进口平台和跨境出口平台。

(一)跨境进口平台

在跨境进口市场梯队分布上,"马太效应"加剧。所谓"马太效应"是指某个组织或者个人,在某一领域获得了成功,取得了人们的认可,那么将会在多个领域被持续认可,这样就导致一些中小企业跨境电商平台逐渐被淘汰。类比于电商内贸,我国的进口跨境电商平台也可以划分为三个层次。

第一个层次为"头部平台",如网易考拉、海囤全球、天猫国际等平台。这些平台一般具有规模大、营业收入高、人气旺、口碑好,实力强、流量大、品牌多等特征。它们在进口跨境电商市场中具有领先优势,"寡头效应"初步显现[1]。

第二个层次为"准一线平台",包括洋码头、唯品国际、小红书、聚美极速免税店等平台。

第三个层次为"二线平台",包括蜜芽、贝贝、宝宝树、宝贝格子等平台,大多是母婴类产品平台。

(二)跨境出口平台

2020年6月3日,网经社电子商务研究中心发布的《2019年度中国跨境

---

[1] 网经社电子商务研究中心:《报告:2018年中国跨境电商交易规模达9万亿元》,2019年6月6日。

电商市场数据监测报告》显示，在进出口结构上，2019 年中国跨境电商的出口结构占比达到 76.5%。据网经社"电数宝"电商大数据库监测数据显示，2019 年中国跨境电商行业渗透率达 33.29%，相比 2018 年的 29.5%提升了 3.79%；2019 年中国进口跨境电商用户规模达到 1.25 亿人，比 2018 年的 8850 万人增长了 41.24%。

随着国外移动支付的发展，居民对网上购物的需求和热情不断上升。目前多数国家和地区都有电商平台，对我国的跨境出口电商业务推动较大。部分海外人群开始追求更高品质、个性化的生活方式，在消费方面，也对商品质量、购物体验等提出了更高的要求，其本国现有的平台难以满足这部分人群的购物需求。在全球经济下行的背景下，各国出口跨境电商平台企业更加注重促销活动的开展：在"双十一"、黑色星期五等促销节日推陈出新，加大优惠力度，融入直播等新的营销手段，努力迎合用户需求，促成交易额的增长。电商促销节日网购热潮兴起的背后，折射出了当前跨境电商的创新、突破发展[1]。

（三）跨境购物平台

1. 亚马逊

亚马逊目前是全球商品品种最多的网上零售平台，是全球第二大互联网公司，总部位于美国华盛顿州西雅图市。亚马逊创立于 1995 年，下设 Alexa Internet、a9、互联网电影数据库（IMDB）等子公司。亚马逊为客户提供全新、翻新及二手商品，涉及"衣食住行游娱购"所有门类。

2. eBay

eBay（易贝）是一家能够让全球民众上网买卖物品的线上拍卖及购物网站。eBay 于 1995 年 9 月创立于美国加利福尼亚州圣荷西市，创始人 Omidyar 第一件贩卖的物品是一只坏掉的镭射指示器，以 14.83 美元成交。他惊讶地

---

[1] 天津渤海商品交易所官网：《关注，2019 年度中国跨境电商市场数据监测报告全文发布》，2020 年 6 月 10 日。

询问得标者:"您难道不知道这东西坏了?"Omidyar 接到了以下的回复:"我是专门收集坏掉的镭射指示器的玩家。"如今 eBay 已有 1.471 亿名注册用户,卖家分布于全球多个国家,每日商品销售额达到上百万美元。

3. Facebook

Facebook（美国脸谱网）创建于 2004 年,是国外版微博,也是世界排名领先的照片分享站点。起初只为在校大学生提供交流、社交等服务,后来发展成为跨国社交平台。Facebook 照片分享站点为人们所钟爱,在美国,其照片日上传量超 800 万张。Facebook 不断扩大社交网站辐射范围,将社交和照片分享相结合,以学校为中心向外辐射,成为全球最大的社交网站和最实用的网络交流平台。除此之外,Facebook 提供了很多针对性的特色服务和丰富的应用中心。2010 年世界品牌 500 强排名榜上,Facebook 超微软居第一名。

4. TikTok

TikTok 是抖音短视频推出的国际版,近几年在国际上快速发展,成为海外人士最喜爱的短视频平台之一。TikTok 被称为国产平台在海外获得成功的杰出代表,被视为中国移动产品出海的新模式。TikTok 为全球用户提供了统一的产品体验,针对不同市场采取符合当地需求的本土化运营策略[1]。2020 年 8 月初,TikTok 和微信在国外推广遇到阻碍。

5. YouTube

YouTube 是美国的视频服务网站,满足用户下载、观看及分享影片或短片的需求。YouTube 注册于 2005 年 2 月 15 日,由美籍华人陈士骏等人创立,是一个用户自由下载、观看及分享影片或短片的平台。2006 年 11 月,YouTube 被 Google 公司收购。YouTube 作为当前行业内在线视频服务提供商,日处理视频业务量上千万个,面向全球用户提供高水平的视频上传、分发、展示、浏览服务。2015 年 2 月,央视首次把春晚推送到 YouTube 等境外网站。

---

[1] 中国网站库:《抖音短视频国际版》,2019 年 2 月 14 日。

6. Instagram

Instagram（照片墙）是一款社交软件，主要运行在移动端。2012 年 4 月被 Facebook 收购。Instagram 的主要功能是实现快速的图片分享，支持 iOS、Windows Phone、Android 等平台的应用。用户通过抓拍生活中的照片，可分享至 Instagram、Facebook、Twitter、Flickr、新浪微博等多个平台。使用 Instagram 可以实现好友关系的建立、信息的回复、照片的分享和收藏等功能。

三、店里体验网上购

服装业是较早被互联网渗透的产业，信息化发展速度也最快，为创业者提供了一条便捷的路径。除服装业之外，家居行业后来居上，快速入驻了各大网络销售平台，如头等舱等。头等舱采用 O2O 模式，可店内体验、线上购物。各个行业之间营销方式的渗透，加速了购物信息化的进程。

早在 2013 年"双十一"，杭州的银泰、鄂尔多斯、GAP 等 300 多个品牌、3 万多家线下实体门店加入"双十一"购物狂欢节。消费者在店里试衣后扫描商品条码，就可以在网上下单购买。人们一度戏称"实体商城已成为试衣间"。在线下挑好衣服再到线上下单购买，已成为许多购物者的选择（见图 3.8.9）。

图 3.8.9　银泰线下实体店参加线上"双十一"活动

四、快消品牌入驻网上商城

信息化带来网络购物形式的变化，对于普通消费者来说，已经形成独特的体系。近几年消费者能明显感受到实体品牌与信息化购物形式的结合日益紧密。以天猫为例，线下很受消费者欢迎的 ZARA、Topshop 等快消品牌（见图 3.8.10 和图 3.8.11）在近两年大举入驻网上商城。目前，全球已有九成此类品牌登陆天猫平台。消费者足不出户就可以在全球范围内购买心仪品牌的商品。

图 3.8.10　快消品牌 ZARA 实体店　　图 3.8.11　快消品牌 Topshop 入驻天猫

五、社群营销新阵地

社群营销是近几年兴起的一种信息化营销方式，主要是通过手机 App 建立粉丝群，分享生活心得、购物信息等，实现商品销售，属于精准营销。如拼多多，可邀请亲朋好友组团采购，取得优惠。微商也是消费者熟知的社群营销方式，特别是新冠肺炎疫情期间，团购微信群对于解决人们对日用品的需求问题发挥了不小的作用。

1. 团购

目前团购平台较多，如美团、百度糯米、大众点评、拼多多等（见图 3.8.12）。

图 3.8.12　知名团购网站

2. 微商

目前除微信以外还有很多微商平台，如 HiShop、拍拍、京东、易米、口袋、喵喵等。这些平台各有特点，占据着一定的市场份额。拍拍微商平台于 2019 年推出了微店手机 App，起步较晚，但后来居上。

微信是传播最为广泛的微商平台之一。它通过微信群、朋友圈构建社群，实现商品销售。2020 年，微信的活跃账户数已超过 12.025 亿。新冠肺炎疫情期间，微信社群极大地解决了人们对生活必需品的需求。使用微信开展微商首先要建立微信群，面对面快速建群的步骤如下（见图 3.8.13 至图 3.8.18）。

步骤一：打开微信，点击"通讯录"（见图 3.8.13）。

图 3.8.13　点击"通讯录"

步骤二：点击右上"+"（见图 3.8.14）。

图 3.8.14　点击右上"+"

步骤三：点击"面对面建群"（见图 3.8.15）。

步骤四：见到四个默认圆点后，用户与身边的朋友输入同样的四个数字，作为密码（见图 3.8.16）。

步骤五：输入密码（见图 3.8.17）。

步骤六：点击"进入该群"（见图 3.8.18）。

第三章 信息化生活——"I 时代"的智能生活

图 3.8.15 点击"面对面建群"

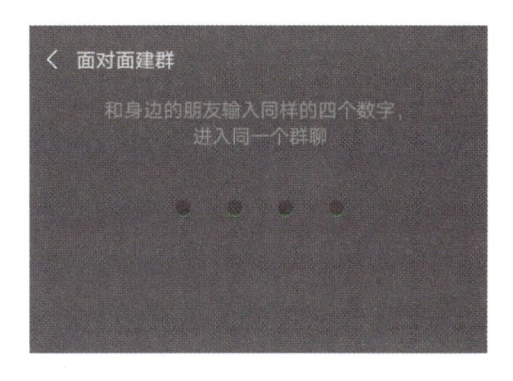

图 3.8.16 确定四个数字

图 3.8.17 输入密码

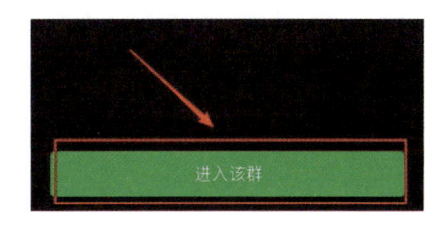

图 3.7.18 进入群聊

用户还可以设定微信朋友圈权限，设置能够看到朋友圈内容的好友范围。步骤如下。

步骤一：打开微信点击微信右下角的"我"（见图 3.8.19）。

图 3.8.19 点击"我"

步骤二：进入后点击"设置"（见图 3.8.20）。

步骤三：进入设置后，点击"隐私"（见图 3.8.21）。

步骤四：进入隐私界面后，可以根据自己的需求对朋友圈和视频动态下的权限进行设置。

步骤五：选择"不让他（她）看"，点击进入后可以选择微信人员名单，将相关人员加入其中；"不看他（她）"操作原理同上（见图 3.8.22）。

图 3.8.20　点击"设置"　　　图 3.8.21　点击"隐私"

图 3.8.22　选择设置人员名单

步骤六：允许陌生人查看十条朋友圈的权限，可根据用户对于隐私保密性的需求选择开通或不开通（见图3.8.23）。

步骤七：允许朋友查看朋友圈的范围，点击进入后可以按照用户意愿开通，选中圆圈、显示绿色代表开通（见图3.8.24）。

3.　小程序

微信小程序无须安装，使用方便，给大众生活带来了极大的便利。众多线下品牌或实体店，如海澜之家、优衣库、澳德乐时代广场等，都开发了微信小程序。用户点击进入小程序便可实现商品的选购。新冠肺炎疫情防控启用的"健康码"，也使用了微信小程序（见图3.8.25）。

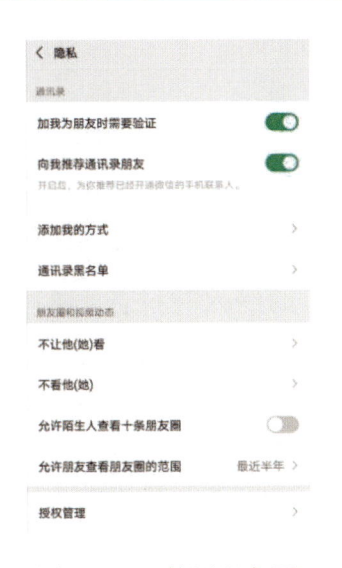

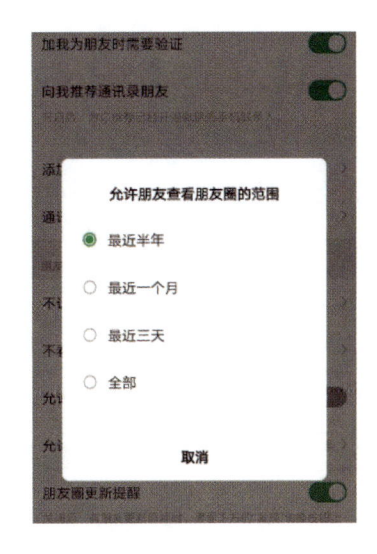

第三章 信息化生活——"I时代"的智能生活

图 3.8.23　禁用朋友圈　　　图 3.8.24　选择允许朋友查看的范围

图 3.8.25　微信小程序

开发一个手机 App，需要耗费大量的人力物力去设计、推广，时间长、耗费大，开发效果短期内不可知。微信小程序可以实现 App 的主要功能，省去了 App 设计和推广的时间和费用，是企业、店铺推广运营的首选。目前，微信小程序的注册只面向企业、组织等实体开放。

4. 网红短视频

网红经济可以说是伴随着短视频热潮一同兴起的。许多企业都通过短视频、直播的方式积累粉丝用户群，达到精准营销的目的。部分网红直播 1 小时可以达到几十万元的销售额。目前有很多的短视频平台，如抖音、火山、快手、西瓜等。

以抖音为例，抖音是一款短视频社交软件，于2016年9月上线。用户可以通过这款软件选择歌曲，拍摄音乐短视频，形成自己的作品。2020年1月8日，火山小视频和抖音正式宣布品牌整合升级，火山小视频更名为抖音火山版。许多商家看到了抖音的海量用户群体，纷纷入驻抖音，通过内容视频、广告直播等形式进行商品的营销推广。如韩都衣舍、优衣库、雅鹿等众多品牌都入驻了抖音（见图3.8.26）。

图 3.8.26　企业入驻抖音

名词释义

网红经济：以年轻的时尚达人为形象代表，以"红人"的品位和眼光为主导，进行选款和视觉推广，在社交媒体上聚集人气，依托庞大的粉丝群体进行定向营销，从而将粉丝转化为购买力的一种经济模式。

图 3.8.27　输入资料

拍摄抖音小视频的步骤如下。

步骤一：打开移动端抖音App。

步骤二：用手机号或者头条号登录抖音，设置个人资料、完善个人信息后，点击保存（见图3.8.27）。

步骤三：进入主页后，点击下方中间的"+"号，进入开拍界面（见图 3.8.28）。

步骤四：选择页面上的拍摄速度和道具后，按住拍摄。

步骤五：点击下一步，选择滤镜特效或者时间特效（见图 3.8.29）。

步骤六：点击更换配乐，挑选歌曲并选择使用（见图 3.8.30）。

步骤七：点击下一步，填写视频内容，设置拍摄地点及分享范围，最后点击发布（见图 3.8.31）。

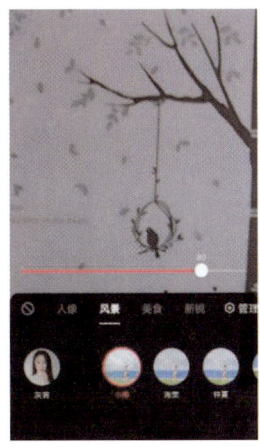

图 3.8.28　开拍界面　　图 3.8.29　选择特效　　图 3.8.30　选择音乐　　图 3.8.31　发布

无论是企业还是个人，使用抖音时应尽量做出自己的特色，抖音、淘宝等具备社群营销功能的 App，千人千面，只有给作品贴上合适的、独具特色的标签才能进入用户的视野。

第九节　筑牢安全屏障，提升信息化生活品质

截至 2021 年 6 月，我国有 80.1%的手机网民进行网络购物，位居全球首位。微信每月的活跃用户超过 10 亿人，每天发送信息 450 亿次，音视频通话

达 4.1 亿次[1]。今天,人们的衣食住行、工作学习等方面已离不开信息化的支撑。如果某天我们突然发现计算机里的数据被删得支离破碎,打开手机却总是无法连接网络,银行账号中的存款无法显示,这时我们应该如何应对呢?

这便是所谓的"信息疆域"遭到侵犯。一些企图证明自己技术的黑客、受信任的计算机系统内部人员、在网络上实施犯罪的组织及敌对势力等,为了各种目的侵犯国家、个人的信息疆域。信息安全已上升为事关国家政治稳定、军事安全、社会安定的全局性问题。

一、信息安全风险

1. 信息泄露要警惕

2004 年 5 月,某大型企业研发中心发现某国外竞争对手领先一步完成了该企业正在进行的重大研发项目。公安部门判定为内部人员泄密。但是由于公司设计人员的计算机与普通工作人员的计算机连在同一个局域网内并且允许人员将资料随意拷出,无法锁定泄密人员。最终该企业损失了 1000 余万元。

近年来发生了众多轰动全国的企业泄密事件,以下几个是比较典型的例子。某光电科技有限公司因前副总经理泄密公司技术方案,导致公司损失 2000 多万元;某知名软件公司前副总经理为牟取暴利,窃取了 CT 机核心研发团队的大量资料,导致企业损失 1470 万元;某微孔过滤有限公司车间主任受利诱泄密,导致公司损失 700 多万元;某知名家电企业原高管跳槽后泄密,导致公司损失近 3000 万元。

2. 管理能力需加强

一项国外政府网站遭遇攻击的调查显示,美国被攻击的网站中,政府网站占 3%;而在中国遭到攻击的网站中,政府网站竟占 37%以上。其实,黑

---

[1]《人民日报》:《让信息化服务于人》,2019 年 6 月 21 日。

客所采用的攻击手段并不高明，其中许多技术漏洞只要在管理上高度重视，就能将黑客拒之门外。

遭受攻击的事件并不仅限于黑客，信息盗卖也是一大原因。2017年雅虎30亿个用户账号信息被盗，辽宁5个犯罪团伙累计窃取100亿条用户信息，黑客盗取腾讯、网易、新浪等互联网公司10亿个账户数据在暗网出售……这充分说明，国内网站的安全管理急需加强（见图3.9.1和图3.9.2）。

图3.9.1　2020年上半年网站漏洞数量统计

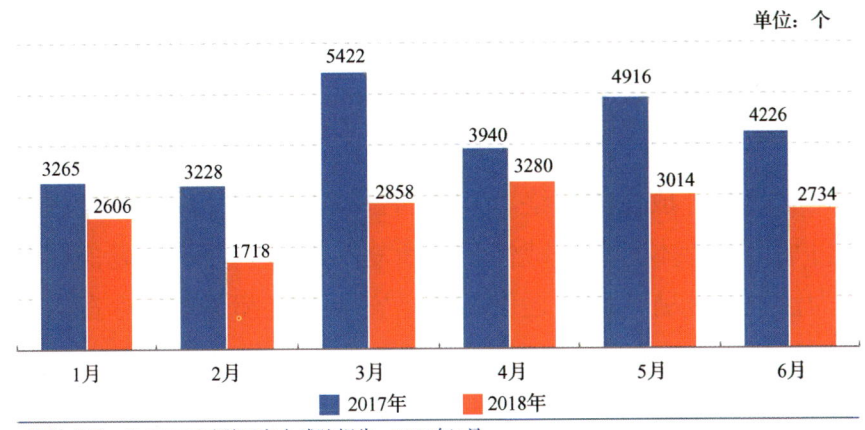

图3.9.2　我国境内被植入后门的网站数量

资料来源：CNCERT互联网安全威胁报告，2018年6月。

3. 病毒呈现多样化

北京时间2017年5月12日晚上22点30分左右，英国16家医院遭到网络攻击，内网被攻陷，中断了与外界的联系，医疗系统几乎停止运转。紧接着又有更多医院的计算机系统遭到攻击，随后这场网络攻击迅速席卷全球[1]。这场网络攻击的罪魁祸首就是"勒索病毒"。勒索病毒的爆发影响了全球超过10万台个人计算机和公司系统。在中国，有近3万家机构受到影响，其中，超过4300家教育科研机构的系统感染该病毒。

北京时间2017年6月27日晚，又一波勒索病毒攻击席卷全球，多国政府、银行、电力系统、通信系统、企业等都不同程度地受到了影响。据莫斯科网络安全公司透露，仅俄罗斯和乌克兰两国就有80多家公司的系统感染此病毒，乌克兰中央银行、国家电信、市政地铁等都被波及。勒索病毒最早出现在1989年，又称"艾滋病特洛伊木马"。该病毒利用恶意代码干扰系统的正常使用，用户向该病毒控制者付费才能恢复系统。

名词释义

勒索病毒：一种新型的计算机病毒，主要以邮件、程序木马、网页挂马的形式进行传播。该病毒性质恶劣、危害极大，一旦感染系统将给用户带来无法估量的损失。这种病毒利用各种加密算法对文件进行加密，被感染系统一般无法自行解密，用户必须拿到解密的私钥才有可能破解。

信息化时代，开放性的网络、开源的系统平台，都成为病毒滋生和传播的通道。再加上病毒本身的隐蔽性和不断复制的特点，小问题能够在极短时间内演变为巨大的威胁。网络通信和信息安全一直都是对立存在的，没有完美的系统可以规避所有的病毒和风险。系统漏洞、操作失误等都是导致信息安全事故的原因。

4. 系统漏洞严管控

系统漏洞（System Vulnerabilities）是指应用软件或操作系统软件在逻辑设计上的缺陷或错误，被不法者利用，通过网络植入木马、病毒等方式来攻击或控制整个系统，窃取计算机中的重要资料和信息，甚至破坏系统。

---

1 科技圈内事：《WannaCry勒索病毒，是这么一回事》，2017年5月25日。

目前我国的计算机网络在安全性上不及美国。对于软件而言，只要程序员在编写软件时留下一个超级特权用户账号，就能以合法用户的身份畅通无阻地进入操作系统。这些漏洞都是我国目前威胁信息安全的隐患。

二、信息安全防范

信息安全存在的问题，不仅影响着国家层面的安全，更影响着人们信息化生活的安全。面对信息安全，有些人从容应对，有些人疑虑重重，还有些人对信息化生活持观望态度。其实，经过几十年的发展，我国的信息化安全已经走上一条平稳的大路。特别是人们生活的信息化安全，已经值得信赖。如微信、QQ、支付宝等，安全防范技术已经趋于成熟，个人信息泄露、资金流失等风险大大降低。

以支付宝为例，关于支付宝的安全，在 2005 年即推出用户保障：你敢付，我敢赔。甚至支付宝还推出了最高赔付 100 万元的口号。究竟是什么技术让支付宝如此自信？一个名叫 Alpha Risk 的风险引擎提升了支付宝的安全性能。它拥有世界顶级的风控能力，自从它上线后，支付宝的资金损失率从原来的十万分之一下降到了千万分之五以内，是国外最先进第三方支付公司资金损失率的二百分之一，安全防范能力处于行业的绝对领先水平。

2019 年年底，阿里巴巴工程师对支付宝的 Alpha Risk 风控引擎进行了公开测试。现场邀请一流黑客入侵支付宝个人账户。黑客经过一番操作，获取了支付宝个人账户名、身份证号，稍后又获取了支付密码。按照常理来说，支付宝个人账户就被攻破了。但是就在黑客使用账户和密码登录时，支付宝页面弹出了这样一行提示："当前操作存在风险，为保护资金安全，我们中断了此次操作！"现场观众一片哗然。是什么样的黑科技，用正确的用户名和密码都无法登录呢？

原来支付宝的风控引擎会根据用户账户的使用环境、偏好、身份、习惯等多种信息综合分析，如果交易过程中有一项存在异常，就会提示存在风险、中断交易。风控引擎能够察觉到账户在其他设备上登录，并且感觉到对密码进行了多番解析和尝试，并非像以往用户登录操作那样简单。所以即使黑客窃取了有关的支付信息，也不能进行交易。

鉴于支付宝强大的安全性能，用户可以使用它进行网上支付、投资理财、缴纳水电费等。微信、QQ 的支付后台是腾讯的财付通平台，京东的支付后台是"京东钱包"，苏宁的支付后台是"易付宝"，都能够保障日常安全支付。

三、安全防护举措

1. 个人防护要做好

我们在工作甚至日常休息的时候，各种骚扰电话、信息接踵而至。为减少这些骚扰，要做好个人信息的日常保护，主要应做到以下几点。

（1）通过正规途径办理银行卡、信用卡。切勿相信中介宣称能够帮助用户申领到所谓的"高额度卡片""白金卡"等虚假信息，不能委托中介办理银行卡、信用卡。

（2）保管好自己的证件，同时做好网络个人信息的防护，妥善保管各种账户的密码。

（3）不要向任何人透露个人信息，特别是接到各种宣称银行、法院、公安部门的工作人员电话时，千万不能透露个人信息，应当先确认真实性，最好是个人到银行亲自办理。

（4）不要回复各种来历不明的信息。

2. 单位安全要重视

对于单位来讲，防止内部人员泄密是信息安全工作的重中之重。一方面，工作计算机要配备防火墙等软硬件设备，实行全网络监控；另一方面，要加强人员管理、网络安全教育。涉密单位内部人员安全管理主要有以下 5 个方面。

（1）关闭计算机 USB 端口，防止泄密者将资料通过 U 盘或移动硬盘从计算机中拷出带走。

（2）安装网络监控软件，防止泄密者通过互联网将资料发到远程电子邮箱或者上传云盘。

（3）设置重要文件安全属性，防止随意将文件设成共享，导致非相关人员获取资料。

（4）禁止员工将笔记本计算机连入网络从而窃取资料。

（5）完善联防联控制度，杜绝非相关人员获取资料。

3. 防范措施要到位

（1）安全系数要提高。信息技术是一把"双刃剑"，应用得当可以造福社会、造福人民，应用不当就会危害他人、危害自身。当前，从世界范围来看，网络安全威胁不断增加，信息安全问题日益突出。没有网络安全就没有国家安全，没有信息安全就谈不上让信息化更好地造福人民。信息时代，人们享受着数字化生活带来的诸多便利，但网络黑客、互联网诈骗、侵犯个人隐私等问题又让很多人"中招"。可见，信息化应用越深入，就越要重视信息安全问题。要通过技术、法律等手段解决信息安全问题，让人们更为安全地享受数字化生活（见图3.9.3）。

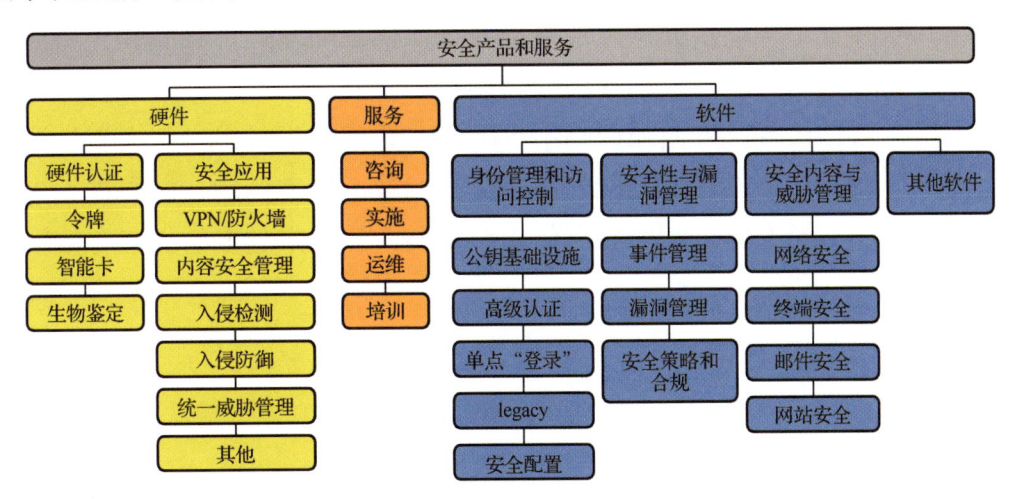

图3.9.3　安全产品和服务

（2）信息服务降成本。创造更好的数字化生活，需要加快信息化服务普及，降低信息化应用成本，让老百姓用得起信息服务。为此，我国已推出许多有效举措。我国推动网络提速降费，中小企业宽带平均资费降低了15%，移动网络流量平均资费降低了20%以上，并针对低收入和老年群体推广"地板价"资费。随着信息技术不断发展，新型信息化应用将不断涌现。要贯彻落实以人民为中心的发展思想，把增进人民福祉作为信息化发展的出发点和落脚点，让老百姓都能用得起信息服务[1]。随着5G的普及，信息服务使用成本仍是要重点关注的问题。

（3）法律法规要完善。信息化是事关经济社会发展、事关人民群众工作生活的重大战略问题，信息化的健康发展离不开法律法规保障。当前，数字化给人们的生活方式带来了深刻改变。只有健全相关法律法规，才能更好地保障数字化生活健康发展。例如，我国电子商务法的正式施行，是规范我国境内通过互联网等信息网络销售商品或提供服务等经营活动的重要举措，为电子商务发展提供了法治保障。政府应全面审视、深入分析信息化发展中的法治问题，不断健全与数字化生活相关的法律法规。

（4）数字鸿沟要压缩。数字鸿沟又称信息鸿沟，是指信息技术领域存在的差距，它既存在于信息技术开发领域，也存在于信息技术应用领域。当前，我国不同地区、不同群体、不同领域在信息化应用上还存在不小的差距。虽然我国互联网普及率逐年提高，但不同人群在信息的掌握、拥有和使用能力方面还存在较大落差，城乡之间、东西部地区之间的信息化发展也很不平衡。贫困人口在信息化普及方面还面临不少障碍，数字化生活对一些人来说还是可望而不可即的。不能让互联网的高普及率遮蔽了数字鸿沟，必须进一步推动不同地区、不同人群之间的信息化均衡发展，让越来越多的人享有数字化生活。

---

1 邬贺铨：《创造更好的数字化生活》，中国社会科学网，2019年6月21日。

结　语

　　新形势下的信息化工作，是事关国家安全与发展、事关广大人民群众生产生活的重大战略问题。习近平总书记在网络安全和信息化工作座谈会上，从国际国内大势出发，以"五大发展理念"为指引，为推动信息化事业发展做出了关键指导。我们要认真学习领会习近平总书记重要讲话精神，深刻认识当前信息化面临的新形势，进一步增强责任感和紧迫感，因势而谋、应势而动、顺势而为，努力推动信息化工作向更高层次发展、向更高水平迈进，让信息化为我们创造更加美好的生活。

　　在人类发展的漫长年代里，我们发明了石器、铁器、机械、计算机等各种工具，而今人工智能将成为我们生活中最好的工具。在我们享受智能生活带给我们的便捷和舒适时，都不应忽视人文素养的提升。在智能生活大背景下，我们需要拥有不一样的思考、不一样的胸怀。我们要高效使用信息化工具，迎接新时代更美好的生活（见图 4.1.1）。

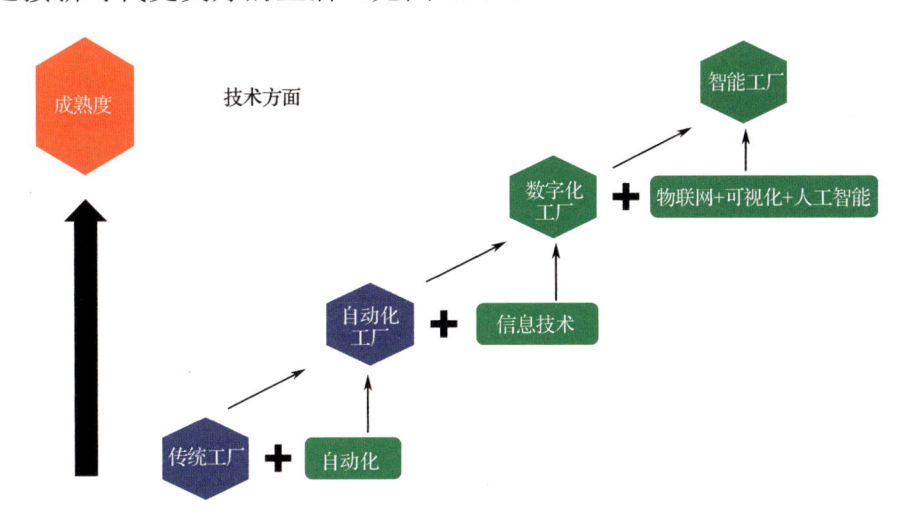

图 4.1.1　信息技术工厂发展趋势

　　近年来，我国在信息化领域逐渐显露出领跑的趋势。习近平总书记在 2018 年两院院士大会上指出，世界正在进入以信息产业为主导的经济发展期。我们要把握数字化、网络化、智能化融合发展的契机，以信息化、智能化为杠杆培育新动能。这一重要论述是对当今世界信息技术的主导作用、发展态势的准确把握，是对利用信息技术推动国家创新发展的重要部署。信息技术的发展程度决定了信息化发展水平，是构成未来信息时代的核心竞争力的重要手段。我们要统筹布局，加大对信息技术领域基础前沿技术的投入，尤其是发挥企业的创新主体地位和主导作用，构建自主可控的信息技术体系，培育形成具有国际竞争力的产业生态，为未来的数字化智能社会提供技术支撑[1]。

  每个人都是新时代的追梦人，每个人都是网络变革中的推动者。信息化建设只有起点，没有终点，无论信息技术发展到何种程度，都应坚持以人为核心的发展理念，让信息技术造福全社会，让数字红利惠及每一个人。展望未来，信息化必将成为我们生活中不可或缺的一部分，必将为我们创造更加美好的未来。让中国"智"造"慧"及全球，人工智能将为我们的生活带来新的奇迹！

---

[1] 人民政协网：《信息化催生全新生活方式》，2019年6月23日。

参 考 文 献

第一章

[1] 王济昌. 现代科学技术名词选编[M]. 郑州：河南科学技术出版社，2006年2月.

[2] 赵大伟. 互联网思维独孤九剑[M]. 北京：机械工业出版社，2014年3月.

[3] 朱力南. 政府服务要有"迭代思维"[EB/OL]. 福建日报. http://www.echinagov.com/news/174532.htm，2017年10月22日.

[4] 张书城. 公共服务要有"大数据思维"[EB/OL]. 人民日报. http://theory.people.com.cn/gb/n1/2018/0926/c40531-30313206.html，2018年9月26日.

[5] 从农业沃土云平台看华为云掀起的智慧农业变革[EB/OL]. CTI论坛. http://www.ctiforum.com/news/guonei/549054.html，2018年12月19日.

[6] 国务院公报. 关于印发《2006—2020年国家信息化发展战略》的通知[EB/OL]. 中华人民共和国中央人民政府网. http://www.gov.cn/gongbao/content/2006/content_315999.htm，2006年3月19日.

[7] 国脉互联. 《农业农村信息化行动计划（2010—2012年）》发布[EB/OL]. 国家林业和草原局政府网. http://www.forestry.gov.cn/xxb/2516/44225/1.html，2010年9月13日.

[8] 讯天科技. 十大互联网经典商战案例！BAT、小米、360均上榜[EB/OL]. 搜狐. https://www.sohu.com/a/43019863_254058，2015年11月20日.

[9] 张瑜. 腾讯张志东内部演讲：大力强化微信"社会化"思维[EB/OL]. 第一财经. https://www.yicai.com/news/5146673.html，2016年10月31日.

[10] 新华社. 中共中央办公厅 国务院办公厅印发《国家信息化发展战略纲要》[EB/OL]. 中华人民共和国中央人民政府网. http://www.gov.cn/xinwen/2016-07/27/content_5095336.htm，2016年7月27日.

第二章

[1] 王济昌. 现代科学技术名词选编[M]. 郑州：河南科学技术出版社，2006年2月.

[2] 罗晓慧. 浅谈云计算的发展[J]. 电子世界，2019,(8):104.

[3] 黄静. 物联网概述[J]. 北京财贸职业学院学报，2016年6月.

[4] 李良志. 虚拟现实技术及其应用探究[J]. 中国科技纵横，2019,(3): 30～31.

[5] 汤朋，张晖. 浅谈虚拟现实技术[J]. 求知导刊，2018,(36):50~51.

[6] 蒋勇，文延，嘉文.《白话区块链（区块链技术丛书）》[M]. 北京：机械工业出版社，2017年10月.

[7] 新华社. 中共中央办公厅 国务院办公厅印发《国家信息化发展战略纲要》[EB/OL]. 中华人民共和国中央人民政府网. http://www.gov.cn/xinwen/2016-07/27/content_5095336.htm，2016年7月27日.

第三章

[1] 文继荣. 信息化催生全新生活方式数字网络世界的雏形已出现[N].人民日报，2019年6月21日.

[2] 高新民. 大家手笔：让信息化服务于人[N]. 人民日报，2019年6月21日.

[3] 文继荣. 信息化催生全新生活方式（顺势而为）[N]. 人民日报，2019年6月21日.

[4] 蔡若愚. 衣食住行中的衣食住行中的"互联网+"[N]. 中国经济导报，2015年12月19日.

[5] 蒙光伟. 报告：2020年全球智能家居市场规模达：534.5亿美元[EB/OL]. 千家网. http://www.qianjia.com/html/2018-09/10_304748.html，2018年9月10日.

[6] 邬贺铨. 创造更好的数字化生活[N]. 人民日报，2019年6月21日.

[7] 马学玲. 三大主场外交接力 习近平以中国之道为世界谋和[N]. 中新社，2019年5月22日.

[8] 马晓芳. 以学习贯彻党的十九大精神为动力推进旅游向全景全业全时全民的全域旅游转变[N]. 宁夏日报，2017年11月21日.

[9] 雨果跨境. 报告：2018年中国跨境电商交易规模达9万亿元[EB/OL].网经社. http://m.cifnews.com/article/45228，2019年6月6日.

[10] 网经社. 2019年度中国跨境电商市场数据监测报告全文发布[EB/OL]. 网经社. http://www.100ec.cn/detail--6559007.html，2020年6月8日.